THE UNIVERSITY OF WESTERN ONTARIO
FACULTY OF PART-TIME AND CONTINUING EDUCATION
Stevenson-Lawson Building
London, Canada
N6A 5B8

24 Tasks for Basic Modern Japanese Vol. 1
にほんごきいてはなして

Cassette tape data of *24 Tasks for Basic Modern Japanese Vol. 1*

Copyright © 1989 by Fujiko Motohashi, Satoko Hayashi & Tsuda Center for Japanese Language Teaching

Recordings: Bunji Shono, Atsuo Mori, Yuko Hana, Mami Ueda, Takashi Matsumoto and Mary Ann Decker
Script writing & Recording direction: Fujiko Motohashi
Recording studio: Churoku Creation Co., Ltd., Tokyo
Produced by The Japan Times, Ltd.
ISBN4-7890-0473-2

First edition: July 1989
4th printing: February 1991

Illustrations & Jacket design: Naomi Futaki (Decision Systems Inc.)

Published by The Japan Times, Ltd.
5-4, Shibaura 4-chome, Minato-ku, Tokyo 108, Japan

ISBN4-7890-0472-4

Printed in Japan

24 Tasks for
Basic Modern Japanese Vol. 1

にほんごきいてはなして

by Fujiko Motohashi
    Satoko Hayashi
    Tsuda Center for Japanese Language Teaching

序

　この *24 Tasks for Basic Modern Japanese Vol. 1* は，コミュニケーションの手段として日本語を学ぶ人たちが，第一歩からできるだけ自然な日本語に接し，日本語で自己表現をなしうるように工夫された教材である。

　この教材は *An Introduction to Modern Japanese* のシラバスに沿って作られている。同書は自然な日本語によるコミュニケーション能力の，着実かつ効果的な習得を目的としたものであり，この教材によって，その目的が十分かつ容易に達成されることが期待できる。

　しかも，言語学習は生き生きとした楽しい雰囲気で行われるべきであるという，われわれの理想の実現に結びついている点で，本教材の刊行はまことによろこばしいことである。*An Introduction to Modern Japanese* による学習のみならず，ひろく日本語学習の場で活用されることを願っている。

水谷　修

信子

Foreword

This volume, *24 Tasks for Basic Modern Japanese Vol. 1*, is designed to provide students learning how to communicate in Japanese with tools for listening and self-expression in as natural a Japanese as possible from the very beginning.

It is written to be used in conjunction with our textbook *An Introduction to Modern Japanese*. Our purpose in that textbook was to facilitate the steady and sure acquisition of fully natural Japanese-language communication skills, and we believe that this supplementary text will be an effective and easy-to-use tool to that end.

Moreover, we are extremely pleased to see the publication of study materials fulfilling our ideal of making language study as lively and pleasant an activity as possible. We hope it will find wide use in Japanese-language classes, whether used together with *An Introduction to Modern Japanese* or with another textbook.

Osamu Mizutani
Nobuko Mizutani

はじめに

　この *24 Tasks for Basic Modern Japanese Vol.1* は，初級の日本語学習者のための副教材です。初級の第一歩から，学習した日本語を現実に近い「話す場面」「聞く場面」で生かすために，またその経験を学習者と教師が楽しく分かちあうことができるように作りました。

　各課の Key Patterns は，*An Introduction to Modern Japanese*（水谷修・水谷信子著）各課の学習項目に準拠しています。また本書は広く学生から社会人まで，生活の中で日本語を必要とする人，特に「話す」「聞く」力を伸ばしたい人を対象としています。

　本書でいう"Task"（タスク）とは，日本語で会話をすすめたり，日本語を聞いて理解したりしながら指示された課題を達成することです。「Task Speaking」では，学習者が既習の日本語の中からタスクに必要な日本語の表現を自分自身で捜し出し，学習者同士の会話をすすめます。「Task Listening」では学習者はテープを聞き，タスクに必要な大切な情報を聞きとっていきます。その際，理解できない語句があっても，聞くことをあきらめないことが重要です。またリスニング・テープの内容は，現代日本社会，自然な人間の営み，心理，ユーモアが感じられるものであるように努めました。

　本書は，1987年1月にこの教材の理念を，津田日本語教育センター・日本語教員養成講座・実習クラスの「教材開発能力を養う」という指導目標の一つに持ち込んだのがきっかけで生まれました。その実習クラスで *An Introduction to Modern Japanese* を主教材として授業を行い，各課の最後に使う補助教材として「Task Fluency」「Task Listening」という名で本書の原型となるものを実習生（1期，2期）とともに作りました。

　その後，モデルクラスで試用，検証を重ねながら，より多くの方に使っていただけるように，さらに一年半をかけて，新しく作りかえたり，手直しを加えたりした結果が本書です。

　今回，本書を出版することを快く許可して下さり，励まし，ご指導までいただいた *An Introduction to Modern Japanese* の著者，水谷修先生，水谷信子先生に心より感謝申し上げます。さらに，水谷信子先生には，最初から現在に至るまで，実習指導に参加していただいていることを申しそえ，重ねて御礼申し上げます。加えて，実習クラスを始めるにあたって，田中望先生より御助言をいただいたことをここに深く感謝いたします。また，再三にわたる打ち合わせ，書き直しに応じて下さった，イラストレーターの二木直巳氏，長期にわたる細かい編集作業とカラー教材実現への努力をして下さった，ジャパンタイムズの石澤昭雄氏，石田政之氏，加来千明氏，多大な時間をかけて熱心に作業をお手伝いいただいた，山田康子，関根稔子，加納なおみ，坪井睦子の4人の実習修了生の方々に改めて感謝の意を表します。

1989年6月　　　元橋富士子

林さと子

津田日本語教育センター

Introduction

The *24 Tasks for Basic Modern Japanese Vol. 1* of this volume is a supplementary study material for learners of Japanese at the elementary level. We have tried to create realistic speaking and listening situations to enable beginning students to actively use the Japanese they are in the process of learning. We have also tried to make this experience an enjoyable one for both student and teacher.

The Key Patterns follow the points covered in the individual lessons of *An Introduction to Modern Japanese* by Osamu and Nobuko Mizutani. Our intended audience is persons, regardless of age, who need to use Japanese in their daily lives and who especially want to improve their speaking and listening skills.

The "tasks" in this volume are activities to be done through speaking or listening to Japanese. In "Task Speaking" students converse with each other by mentally finding the Japanese appropriate to that task from what they have studied to date. In "Task Listening" students listen to a tape and obtain from that the information necessary for the task. It is important that they *not* be discouraged by words or expressions that they may not understand. We have tried to make the tape true to Japanese society today in their portrayal of human conduct, psychology, and humor.

The concept for this book emerged in January 1987 from a class for the training of teachers of Japanese as a foreign language which was conducted at the Tsuda Center for Japanese Language Teaching. This class involved practice teaching using *An Introduction to Modern Japanese.* As part of their training in making their own teaching materials, the students in this class worked with their instructors to create "Task Fluency" and "Task Listening" exercises for each lesson of *An Introduction to Modern Japanese,* exercises that developed into the twenty-four tasks of this volume.

These were then reexamined while being used in model classes. Over the course of eighteen months new ones were written and revised, and the present volume completed.

We want to express our gratitude to Osamu and Nobuko Mizutani, the authors of *An Introduction to Modern Japanese,* for their advice, encouragement, and kind permission to publish this volume; Nobuko Mizutani has also given us the benefit of her direct participation in these training classes. We are also grateful to Nozomi Tanaka for his advice when we were beginning this class. Finally we would like to acknowledge our debt to our illustrator, Naomi Futaki, who patiently dealt with all our changes and rewrites; to Akio Ishizawa, Masayuki Ishida, and Chiaki Kaku of The Japan Times, for all their efforts in editing this work and making possible the use of color; and to Yasuko Yamada, Toshiko Sekine, Naomi Kano, and Mutsuko Tsuboi, four graduates of our training course, for their long hours of devoted labor on this volume.

Fujiko Motohashi
Satoko Hayashi
Tsuda Center for Japanese Language Teaching
June 1989

も く じ
(Contents)

学習者のみなさまへ
<small>がくしゅうしゃ</small>

　この *24 Tasks for Basic Modern Japanese Vol.1* は，初級の最初から使える *An Introduction to Modern Japanese* の副教材です。主教材で，各課の学習項目を理解して，よく練習してから，力だめしに楽しく使ってください。また，ほかのテキストで勉強している方でも使えます。

　みなさんは教室から一歩外へ出ると，習ったばかりの日本語をなんとか活用して，買いものをしたり，友人と話したり，テレビを見たりしていると思います。このような教室の外で出合うコミュニケーションの体験を教室でもしてみようというのが，この本の目的です。

各課の構成

　各課は，「PREPARATION」「Task Speaking・はなしましょう」「Task Listening・ききましょう」からできています。また，巻末資料に Task Speaking の「モデル会話文」と Task Listening の「スクリプト」と「解答」がついています。

PREPARATION

Task Speaking・はなしましょう

- ここには Key Patterns, Key Words & Expressions として，タスクを行うのに必ず役に立つ表現や語句をあげてあります。特に Key Patterns は，Task Listening にも重要なものです。ここをよく見て，それぞれのことばがどんな場面で使えるか，想像してみてください。また，どこかで使ったことがあるか，思い出してみてください。

- *のついているものは，*An Introduction to Modern Japanese* でまだ習っていないものですから，ここで覚えましょう。

Task Listening・ききましょう

- ここには Helpful Words & Expressions として，テープの内容を聞きとるために重要な語句をあげてあります。それぞれの意味を確かめておきましょう。
- 3課と9課と11課には，聞きとりに必要な Key Patterns もあげてあります。Task Speaking にのっている Key Patterns とともに，よく覚えてください。

To Know Japan

　その課のタスク（Task Speaking または Task Listening）の内容に関連して，現

在の日本社会を紹介する写真をのせてあります。ここで日本語を勉強する必要はとくにありません。十分に楽しみながら，説明を読んでください。

Task Speaking・はなしましょう

みなさんは，Part A か Part B のどちらかになります（8課は例外）。まず，タスクページのイラストや写真をよく見て，指示文を理解してください。つぎに，どんなコミュニケーションが必要になるか，よく考えて始めてください。

会話をすすめている間は，細かいまちがいは気にしないでください。頭の中にある日本語をできるかぎり使って会話をしながら，楽しく目的を達しましょう。

Task Listening・ききましょう

まず，タスクページのイラストや写真をよく見てください。どんな内容のテープが聞こえてくるのか少し想像ができるでしょう。また，指示文をよく読み，どこに何を書き込むのか確かめてください。タスクには必ず Example があり，解答例がついていますので，確認してください。

テープの日本語は，自然に近い話しことばですので，わからないことばがあると思いますが，気にしないで最後まであきらめずに聞いてください。細かい部分が少しわからなくてもタスクはできます。タスクが要求していることだけわかれば十分です。

巻末資料について

巻末には Task Speaking のモデル会話文と Task Listening のスクリプトがついています。

モデル会話文は会話のすすみ方の一例です。復習に利用してください。タスクを行うまえには，絶対に読まないでください。

また Task Listening のスクリプトは，教師のためのものです。みなさんはスクリプトにたよらないほうが聞く力がつきます。むずかしいと感じた Task Listening のテープを自分で復習するときも，スクリプトを読まずに，何度もテープを聞きなおしてみましょう。それでもわからないときは，勉強が先へすすんでからもう一度もどって聞くようにすると，少しずつ聞きとれてくるはずです。

To the Student

The *24 Tasks for Basic Modern Japanese Vol. 1* of this volume are supplementary materials to be used from the very early stages of study; it is coordinated with the lessons of *An Introduction to Modern Japanese.* We hope you will enjoy using them to try out what you have just learned and practiced in the main lesson of that text. Of course these can also be used together with other textbooks.

No doubt you try to make use of the Japanese you have learned in your Japanese-language classes while shopping, talking with friends, or watching TV. In this book we have attempted to bring such outside experiences of communication inside the classroom.

The Structure of the Lessons

Each lesson is divided into "PREPARATION," "Task Speaking," and "Task Listening." Model conversations for Task Speaking and transcripts and answers for Task Listening will be found at the back of the book.

PREPARATION

Task Speaking・はなしましょう

- This section gives, as "Key Patterns" or "Key Words & Expressions," items of use in performing the task. "Key Patterns," in particular, are also important for Task Listening. Please use this section to imagine what situations these words can be used in. Also try to remember situations in which you have seen or heard them used.
- Words marked with an asterisk should be learned here as they have not yet been presented in *An Introduction to Modern Japanese.*

Task Listening・ききましょう

- This section gives, as "Helpful Words & Expressions," items of use in listening to the tape. Please familiarize yourself with them here.
- Lessons 3, 9 and 11 also have "Key Patterns." Please study them carefully along with the Key Patterns in Task Speaking.

To Know Japan

The photographs of contemporary Japanese society in this section will help you understand better the Task Speaking and Task Listening for that lesson. There is no need to study the Japanese used in this section — simply read through the explanations and enjoy the photographs.

You will be doing either Part A or Part B (except in Lesson 8). Look at the pictures on the task page and make sure you understand the instructions. Then start thinking about what communication is necessary.

Don't worry about making mistakes while talking. Just try to do the task as enjoyably as possible by using the Japanese you have learned so far.

First look at the pictures on the task page. You should be able to imagine what will be talked about on the tape. Be sure to read the directions and see what you will be filling in on the page. There will always be an example with a sample answer.

Since the Japanese on the tapes is as natural as possible, there will be words you don't know. Don't be discouraged, but just keep on listening to the end. You will be able to do the task without understanding every single word on the tape — you only need to understand what is necessary for that particular task.

The Appendices

At the back of the book are model conversations for the Task Speaking sections and transcripts for the Task Listening tape.

The model conversations are one possible example. Please use them for additional practice, but never read them before doing Task Speaking.

The transcripts for Task Listening are provided for the convenience of the teacher. You will not become better at listening if you rely on them. Even when listening again by yourself to a tape that you found difficult, don't read the transcript but instead listen over and over to the tape. When you still haven't been able to catch all of it, leave it and go back to it again after studying later lessons and you will find that you can now understand it much better than before.

24 Tasks for
Basic Modern Japanese Vol. 1

にほんごきいてはなして

PREPARATION

Task Speaking・はなしましょう

■ Key Patterns

東京は(いま)何時ですか。　　What time is it now in Tokyo?
とうきょう　　なんじ

(午前/午後) 8 時です。　　It's eight o'clock (in the morning/in the afternoon).
ごぜん　ごご　　じ

■ Key Words & Expressions

すみません。　　　　　　　Excuse me.

ありがとうございます。　　Thank you.

どういたしまして。　　　　You're welcome.

Task Listening・ききましょう

■ Helpful Words & Expressions

* 正月　　　　　　　　　　the New Year
しょうがつ

* お正月　　　　　　　　　the New Year
しょうがつ

* おおみそか　　　　　　　the last day of the year; New Year's Eve

* 新年　　　　　　　　　　the New Year; a new year
しんねん

To Know Japan

小田急線新宿駅のプラットホーム。大きい表示板で電車の行き
お だ きゅうせんしんじゅくえき　　　おお　　　ひょうじばん　でんしゃ　い
先と発車時間がわかります。もう夕方のラッシュが始まってい
さき　はっしゃ じ かん　　　　　　　　　　ゆうがた　　　　　　　　はじ
ます。

A platform of Shinjuku Station on the Odakyu Line. The destinations and departure times of the trains are shown on a large indicator board. In this picture the rush hour has already begun.

銀座四丁目の交差点。和光の上に大時計があります。
ぎん ざ よんちょうめ　こう さ てん　わ こう　うえ　おお ど けい
The intersection at Ginza 4-chome. There is a large clock atop the Wako store.

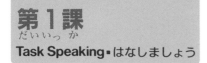
成田空港で
なり た くうこう

Part A

You are a passenger at New Tokyo International Airport. You want to make an overseas telephone call to the city you are going to, and to know the time in that city. Ask the information desk clerk.

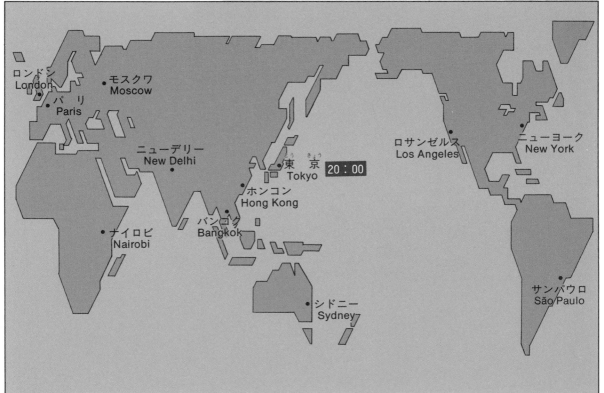

4

成田空港で
なりたくうこう

Part B
You are working at the information desk at New Tokyo International Airport.
Help the passenger.

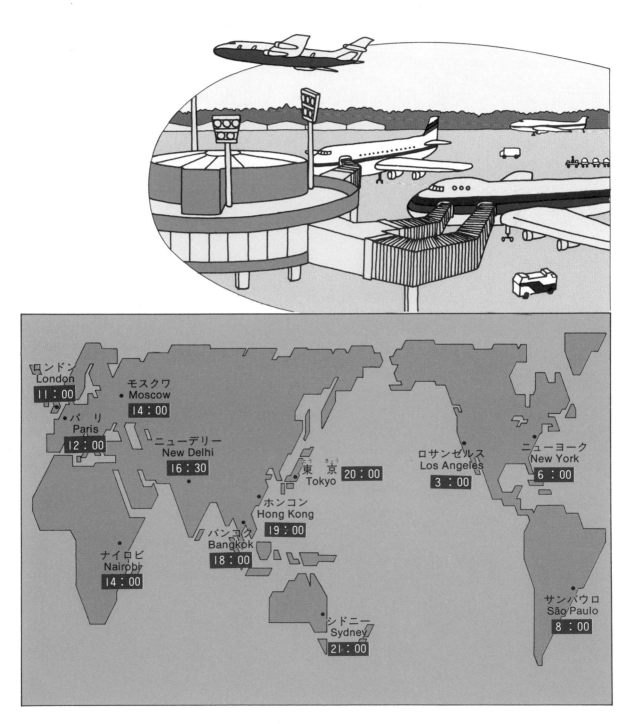

ロンドン
London
11 : 00

モスクワ
• Moscow
14 : 00

• パ リ
Paris
12 : 00

ニューデリー
New Delhi
16 : 30

東 京 20 : 00
とうきょう
Tokyo

ロサンゼルス
Los Angeles
3 : 00

ニューヨーク
New York
6 : 00

ホンコン
Hong Kong
19 : 00

バンコク
Bangkok
18 : 00

ナイロビ
Nairobi
14 : 00

シドニー
Sydney
21 : 00

サンパウロ
São Paulo
8 : 00

あけましておめでとうございます

Fill in the boxes with the local time as in the example.

Example

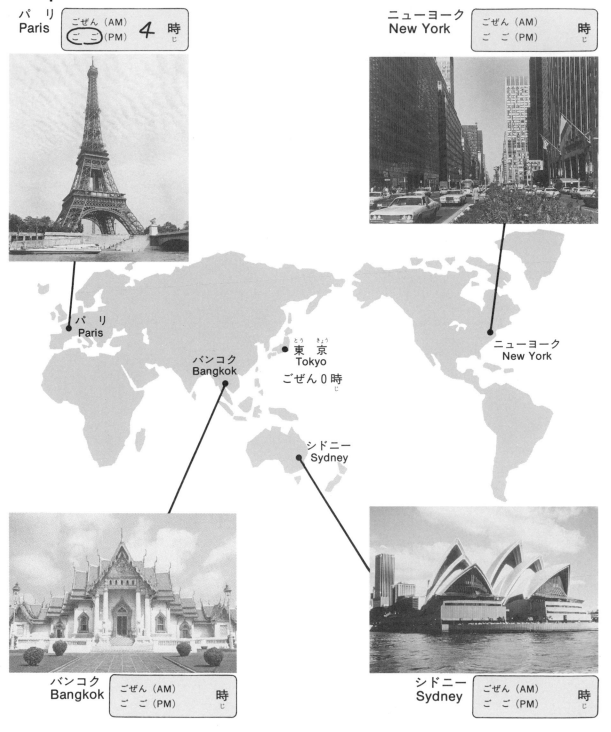

パ リ
Paris

| ごぜん（AM） | | 4 時 |
| ごご（PM） | | じ |

ニューヨーク
New York

| ごぜん（AM） | | 時 |
| ごご（PM） | | じ |

パ リ
Paris

ニューヨーク
New York

とう きょう
東 京
Tokyo

ごぜん 0 時
じ

バンコク
Bangkok

シドニー
Sydney

バンコク
Bangkok

| ごぜん（AM） | | 時 |
| ごご（PM） | | じ |

シドニー
Sydney

| ごぜん（AM） | | 時 |
| ごご（PM） | | じ |

Task Speaking ▪ はなしましょう

■ Key Patterns

これはなんですか。	What is this?
この本はいくらですか。	How much is this book?
1,000円です。	It's 1,000 yen.
これをください。	I'll take it.

■ Key Words & Expressions

10円	じゅうえん	60円	ろくじゅうえん
20円	にじゅうえん	70円	ななじゅうえん
30円	さんじゅうえん	80円	はちじゅうえん
40円	よんじゅうえん	90円	きゅうじゅうえん
50円	ごじゅうえん	100円	ひゃくえん

* じゃ,（これをください。）　　Well/Then, (I'll take this.)

Task Listening ▪ ききましょう

■ Helpful Words & Expressions

* 切手	stamp
* はがき	postcard
* 手紙	letter

To Know Japan

持ち帰り用のすしの店　Take-away sushi shops
もかえようみせ

ハンバーガーやサンドイッチと同じようにすし
も人気があります。
Sushi is very popular, like hamburgers and sandwiches.

たくさんの人が昼ごはんのすしを買っています。
People queue up to buy sushi for their lunch.

アイスクリーム屋さん
や

Part A

You are at an ice-cream shop. Buy your favorite ice cream.

アイスクリーム屋さん
や

Part B
You are working at an ice-cream shop. Greet the customer.

★ プライス リスト ★

ペパーミント
peppermint
¥250

バニラ
vanilla
¥200

ストロベリー
strawberry
¥280

ラムレーズン
rum raisin
¥300

チョコレート
chocolate
¥220

郵便局で
ゆうびんきょく

Fill in the boxes with the correct postage as in the example.

Example

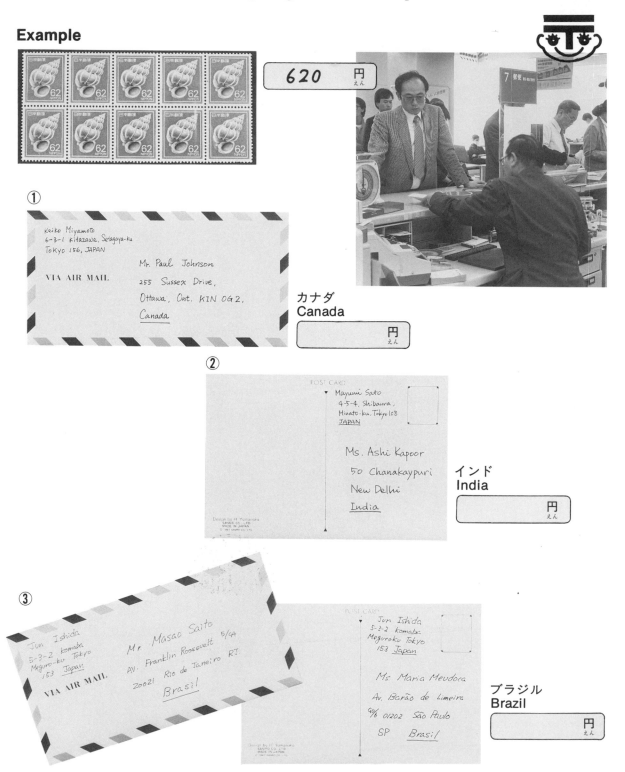

620 円
えん

① カナダ
Canada
円
えん

② インド
India
円
えん

③ ブラジル
Brazil
円
えん

Task Speaking ▪ はなしましょう

■ Key Patterns

受付はどこですか。	Where is the reception desk?
受付はどこにありますか。	Where is the reception desk?
エレベーターのまえです。	It's in front of the elevator.
エレベーターのまえにあります。	It's in front of the elevator.

■ Key Words & Expressions

* 1階（1F）	いっかい	1st floor
* 2階（2F）	にかい	2nd floor
* 3階（3F）	さんかい/さんがい	3rd floor
* 4階（4F）	よんかい	4th floor
* 5階（5F）	ごかい	5th floor
* 地下1階（B1）	ちかいっかい	1st basement
* 地下2階（B2）	ちかにかい	2nd basement
* 何階（ですか）	なんかい/なんがい（ですか）	On which floor is it?

Task Listening ▪ ききましょう

■ Key Patterns

山田さんはどこですか。	Where is Mr. Yamada?
エレベーターのまえにいます。	He is in front of the elevator.

■ Helpful Words & Expressions

* 公園	park	* コンピューター・ルーム	computer room
* エスカレーター	escalator	* 頭	head

To Know Japan

三洋証券のトレーディングセンター。　世界一広いビジネス空間
（48m×77m×15m）。　たて6m横25mのスクリーンで世界の情報
がすぐわかります。トレーダー用のデスク450席には，それぞれ最
新OA機器と個人用空調装置がついています。

The trading center of Sanyo Securities. Measuring
48m×77m×15m, it is the largest business space in the
world. A screen, 6 meters high and 25 meters wide, displays
information from all over the world. The 450 desks for trading
are equipped with the latest OA apparatus and individual air-
conditioning.

サン・スポーツプラザ (1)

Part A

You are at the information desk of Sun Sports Plaza. After looking at the following pamphlet, ask the clerk for directions to where you want to go. Put the numbers in appropriate positions on the plan.

SUN SPORTS PLAZA

①フィットネス・スタジオ
Fitness studio

②美容室
びょうしつ
Hair salon

③プール

④ジム
Gymnasium

⑤テニスコート

⑥レストラン

サン・スポーツプラザ (1)

Part B
You are working at the information desk of Sun Sports Plaza. Help the customer.

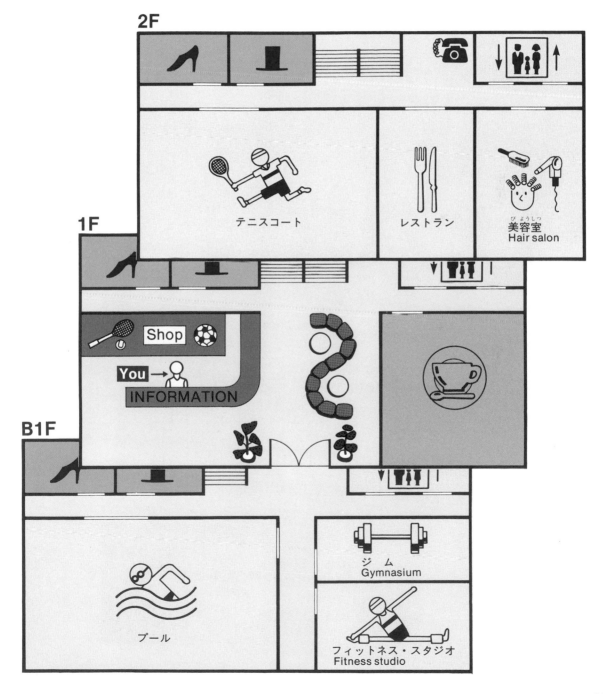

どこですか

Choose the appropriate picture and draw a circle in the box as in the example.

Example

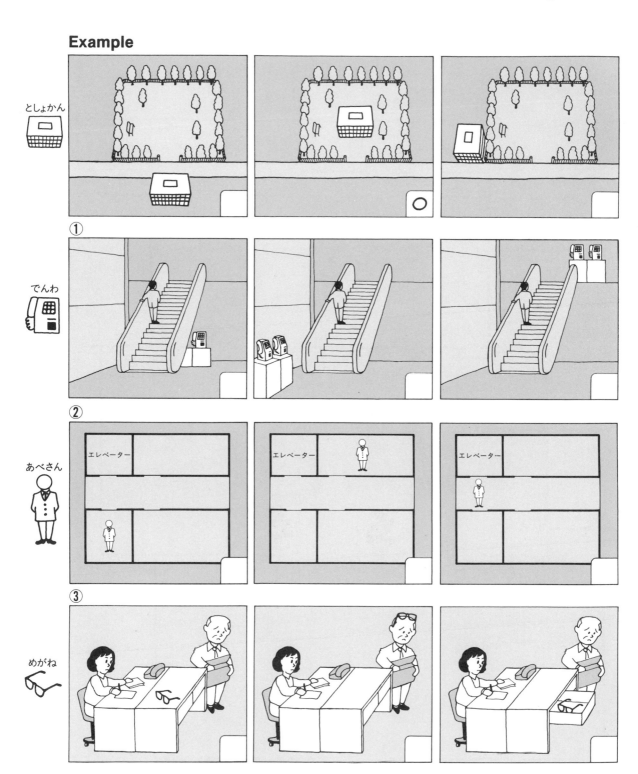

PREPARATION

Task Speaking ▪ はなしましょう

■ Key Patterns

なにを<u>し</u>ますか。	What do yo do?
<u>仕事</u>を<u>し</u>ます。 しごと	I work.
何時に<u>おき</u>ますか。 なんじ	What time do you get up?

■ Key Words & Expressions

* 名前 なまえ	name		すこし	a little
* お名前は なまえ	What's your name?		* スポーツ	sports
* 酒 さけ	liquor		* テニス	tennis
* お酒 さけ	liquor [often used by women]		* ゴルフ	golf
* たばこをすいます	smoke		* 水泳 すいえい	swimming
たくさん	much		* 野球 やきゅう	baseball

Task Listening ▪ ききましょう

■ Helpful Words & Expressions

* アンケート	questionnaire		* ビデオ	video
* 何曜日ですか なんようび	Which day of the week is it?		* 朝ごはん あさ	breakfast
* 月曜日と火曜日 げつようび かようび	Monday and Tuesday		* つくります	make; prepare
* ウインドサーフィン	windsurfing		* そうじをします	clean a room
* ビール	beer		* せんたくをします	wash

To Know Japan

子供たちの水泳教室
こども　すいえいきょうしつ
A swimming class for children

若い男性が会社の昼休み
わか　だんせい　かいしゃ　ひるやす
に皇居のまわりをジョギ
こうきょ
ングしています。後ろに
うし
オフィス街が見えています。
がい　み

Young men jogging around the Imperial Palace during the lunch break. In the background can be seen the office buildings of the business district.

サン・スポーツプラザ (2)　—健康チェック—
けんこう

Part A
You are a new member of a sports club. Your instructor will give you an interview about your daily life. Answer his/her questions.

サン・スポーツプラザ (2) ―健康チェック―
けんこう

Part B
You are an instructor of a sports club. Ask a new member about his/her daily life, and fill in the interview sheet.

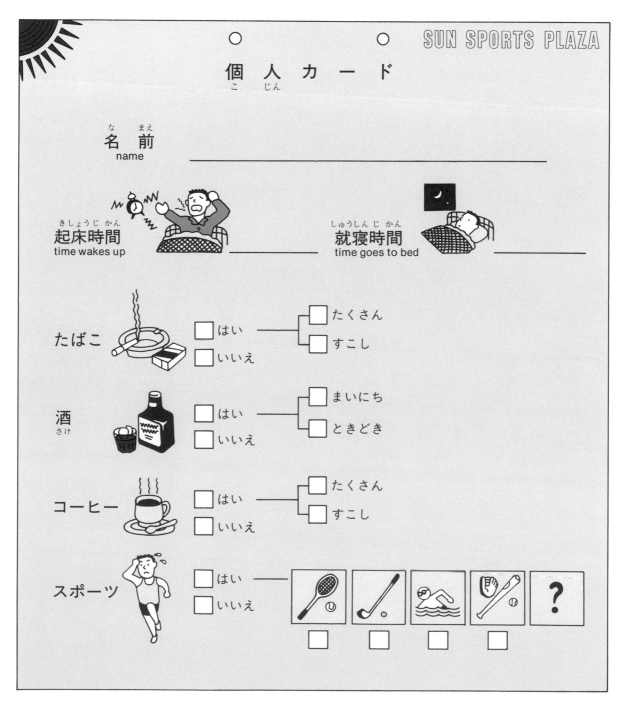

インタビュー —休みの日—
やす ひ

Complete each interview card with the day of the week, rising time, and activities as in the example.

Example

Task Speaking ▪ はなしましょう

■ Key Patterns

仕事をしました。 しごと	I worked.
何時にいきましたか。 なんじ	What time did you go?
どこでたべましたか。	Where did you eat?
なにをしましたか。	What did you do?
*だれといましたか。	With whom were you there?

■ Key Words & Expressions

*1時から3時まで じ　　じ	from one o'clock to three o'clock
*犯人 はんにん	an offender

Task Listening ▪ ききましょう

■ Helpful Words & Expressions

*お客様 きゃくさま	guests	*練習しました れんしゅう	practiced
*社長 しゃちょう	president	*はじめました	started
*ピアニスト	pianist	*くだもの	fruit
*ファッションモデル	fashion model	*ケーキ	cake
*あそびました	played	*やめました	quit (past)
*ゲームのソフト	software for computer games		

To Know Japan

おもしろい形の交番がつぎつぎ
かたち　こうばん
に生まれています。
う

Police boxes in unusual
shapes are appearing one
after another.

とんがり屋根の数寄屋橋派出所
や　ね　すきやばしはしゅつじょ
A police box with a pointed
roof at Sukiyabashi

つりがねの形の護国寺派出所
かたち　ごこくじ　はしゅつじょ
A police box with a bell-
shaped roof at Gokokuji

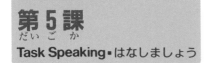
宝石どろぼう
ほうせき

Part A

You are a policeman. Last night, at a famous jeweler's, an 11-carat diamond was found stolen. When the shop closed at 6 p.m., the diamond was still there. A guard found it stolen at 11 p.m. Ask a suspect about his alibi.

宝石どろぼう
ほうせき

Part B
Yesterday (Wed. 4th), at a famous jeweler's, an 11-carat diamond was found stolen.
You are not the criminal but you are suspected. Using your appointment book and
your imagination, prove your alibi.

4 WED. (水)	5 THU. (木)
8	8
9	9
10	10
11	11
12 たなかさんと ひるごはん	12
1 } NTTオフィス	1
2	2
3 } ミーティング（4F）	3
4	4
5	5
6	6
7 } にほんご クラス	7
8 8:15 ゆうしょく (dinner)	8
9	9
10	10
11	11
12	12

モーニングショー

Choose the appropriate picture in each pair and draw a circle in the box as in the example.

Example

Task Speaking ▪ はなしましょう

■ Key Patterns

<u>あの店</u>はどうでしたか。 _{みせ}	How was the/that shop?
〈やすい〉 *<u>やす</u>かったです。	Prices were reasonable.
<u>やす</u>くて<u>おいし</u>かったです。	The food was reasonably priced and delicious.
<u>ホテル</u>はどうでしたか。	How was the/that hotel?
〈しずかな〉 <u>しずか</u>でした。	It was quiet.
<u>しずか</u>で<u>きれい</u>でした。	It was quiet and clean.
*あまり<u>やす</u>くありませんでした。	It was not so cheap.
*あまり<u>しずか</u>じゃありませんでした。	It was not so quiet.
<u>きれい</u>でしたが<u>たか</u>かったです。	It was nice but expensive.

Task Listening ▪ ききましょう

■ Helpful Words & Expressions

* 歌舞伎 _{か ぶ き}	kabuki
* 見合い _{み あ}	a marriage interview
* お見合い _{み あ}	a marriage interview [often used by women]

To Know Japan

日本めぐり Around Japan
_{に ほん}

秋田県男鹿半島の行事「なまはげ」
_{あき た けん お が はんとう ぎょうじ}
"Namahage" devils, a feature of a strange ritual held in the Oga Peninsula in Akita Prefecture

北海道の牧場
_{ほっかいどう ぼくじょう}
A dairy-farm pasture in Hokkaido

安芸の宮島
_{あき みやじま}
Miyajima in Aki, as Hiroshima Prefecture was formerly called

熊本城 Kumamoto Castle
_{くまもとじょう}

富士山 Mount Fuji
_{ふ じ さん}

23

京都旅行
きょうと りょこう

Part A

You are planning to visit Kyoto. While looking at the following guide map, ask for some suggestions from your friend, who went there recently.

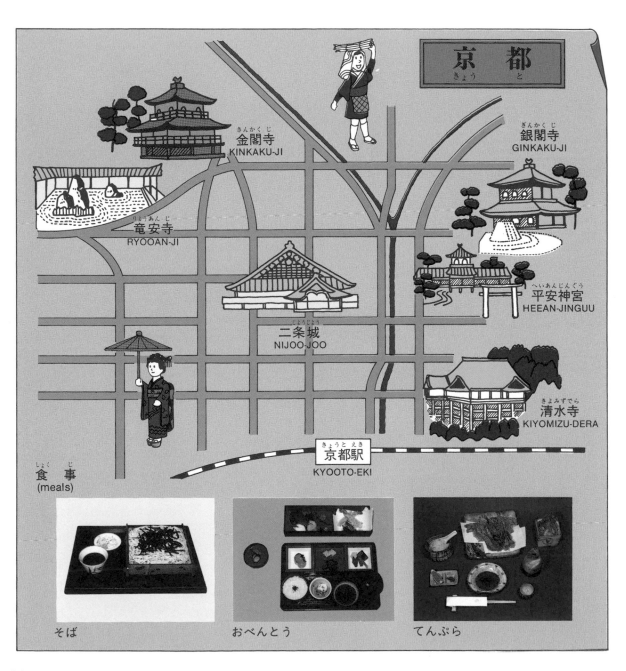

京都旅行
きょうと りょこう

Part B
You visited Kyoto recently and following are some photos and comments from your trip. Your friend is also planning to visit Kyoto soon. Answer his/her questions and make some suggestions.

どうでしたか

Choose the appropriate picture and write down the speaker's impressions as in the example.

Example

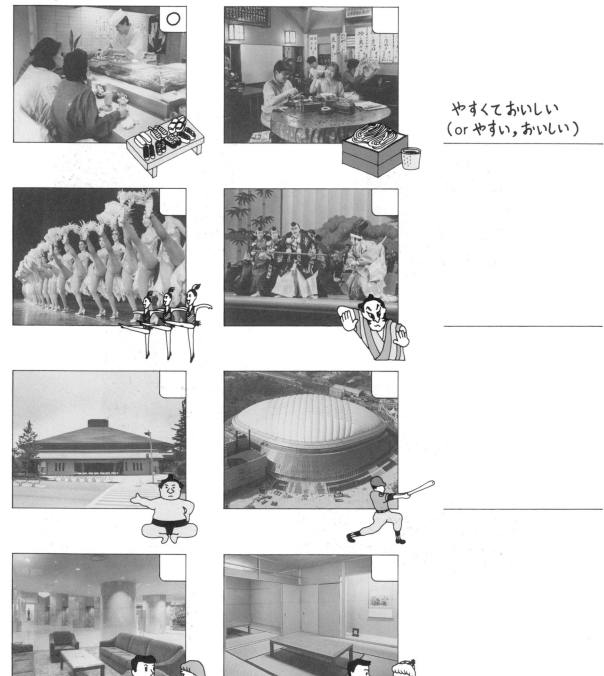

やすくて おいしい
（or やすい, おいしい）

Task Speaking ▪ はなしましょう

■ Key Patterns

<u>てつだい</u>ましょうか。	Shall I help you?
すみません，<u>てつだっ</u>てください。	Yes, please.

■ Key Words & Expressions

おねがいします。	Yes, please.
たすかりました。	Thank you for your help. (*lit.* I was helped.)

Task Listening ▪ ききましょう

■ Helpful Words & Expressions

＊朝食 ちょうしょく	breakfast

To Know Japan

さくらが美しい上野公園。子供から老人までたくさんの人が「(お)花見」をしています。
Ueno Park, famous for its beautiful cherry blossoms. Crowds of people, from children to the elderly, are seen enjoying the blossoms there.

パーティーをしましょう

Part A

You are going to have a party at your home. You want to arrange the room as shown below. Your friend offers to help you. Tell him/her what should be done.

Useful vocabulary

てつだいます	(to) help
はこびます	(to) carry
おきます	(to) put
きります	(to) cut
(に)いれます	(to) put in
(から)だします	(to) take out of

パーティーをしましょう

Part B
You are at your friend's home helping to prepare for a party. Ask him/her what he/she wants you to do.

Useful vocabulary

てつだいます	(to) help
はこびます	(to) carry
おきます	(to) put
きります	(to) cut
(に)いれます	(to) put in
(から)だします	(to) take out of

おさら

バナナ

コップ

フォーク

かご

ナイフ

Cake

ビール

ジュース

29

東京下町ツアー
とうきょうしたまち

Fill in the boxes on the schedule sheet as in the example.

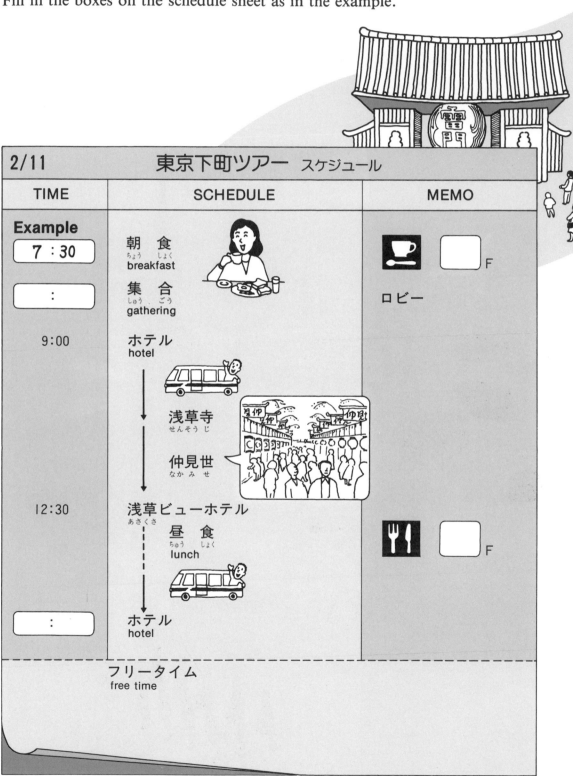

2/11	東京下町ツアー スケジュール	
TIME	**SCHEDULE**	**MEMO**
Example 7:30	朝 食 ちょう しょく breakfast	☕ ☐ F
:	集 合 しゅう ごう gathering	ロビー
9:00	ホテル hotel	
	浅草寺 せんそうじ	
	仲見世 なかみせ	
12:30	浅草ビューホテル あさくさ 昼 食 ちゅう しょく lunch	🍴 ☐ F
:	ホテル hotel	
	フリータイム free time	

Task Speaking ▪ はなしましょう

■ Key Patterns

日本語を勉強しています。   I am learning Japanese.
にほんご　べんきょう

■ Key Words & Expressions

はじめまして。   How do you do?

どうぞよろしく。   Nice to meet you.

*こちらこそ，どうぞよろしく。   Nice to meet you. (こちらこそ — *lit.* me, too)
[response to the phrase above]

* 国 くに	country		すんでいます	live
* お国は くに	Where are you from?		* おしえています	teach
* 趣味 しゅみ	free-time activities		* 半年 はんとし	half a year
* ご趣味は しゅみ	What is your favorite free-time activity?		* 一年半 いちねんはん	a year and a half
			* アメリカ	America
* 旅行 りょこう	trip		* エジプト	Egypt
* 柔道 じゅうどう	judo; a Japanese martial art		* 中国 ちゅうごく	China
* 生け花 い　ばな	flower arrangement		* スペイン	Spain
* コーラス	singing in a chorus		* インド	India
* カラオケ	recorded song accompaniments		* 西ドイツ にし	West Germany
* 主婦 しゅふ	housewife		* イギリス	England
			* オーストラリア	Australia

Task Listening ▪ ききましょう

■ Helpful Words & Expressions

* コース	course
* 宿題 しゅくだい	homework
* つかっています	use
* コースを ひらいています	offer courses
* 日本文化 にほんぶんか	Japanese culture
* 会話 かいわ	conversation

To Know Japan

「はじめまして」。ビジネスマンがお互いに名刺を出してあいさつ
たが　めいし　だ
をしています。
Businessmen meeting for the first time greet each other
and exchange name cards.

はじめまして

You are at a party. Pretend that you are one of the people below.
Introduce yourself to the other people at the party.

*趣味……free-time activities
しゅみ

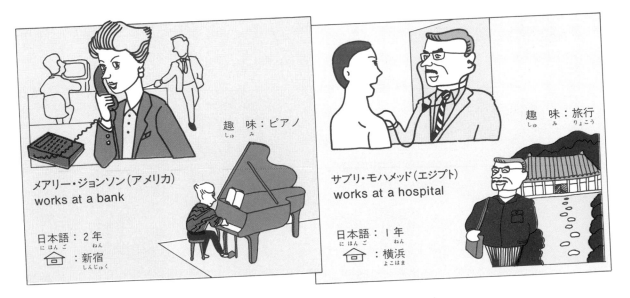

趣味：ピアノ
しゅみ

メアリー・ジョンソン（アメリカ）
works at a bank

日本語：2年
にほんご　ねん

🏠：新宿
しんじゅく

趣味：旅行
しゅみ　りょこう

サブリ・モハメッド（エジプト）
works at a hospital

日本語：1年
にほんご　ねん

🏠：横浜
よこはま

はじめまして

趣　味：柔道
しゅ　み　じゅうどう

陳　文芷（中国）
ちん　ぶんし　ちゅうごく
早稲田大学の学生（日本語）
わせだだいがく　がくせい　にほんご

日本語：３年
にほんご　　ねん
🏠：中野
なかの

趣　味：柔道
しゅ　み　じゅうどう

パウリーノ・カロ（スペイン）
works at a hotel

日本語：２年
にほんご　　ねん
🏠：六本木
ろっぽんぎ

趣　味：生け花
しゅ　み　いばな

インディラ・メータ（インド）
house wife

日本語：１年
にほんご　ねん
🏠：四谷
よつや

趣　味：カラオケ
しゅ　み

カール・シュミット（西ドイツ）
にし
works at a computer
company

日本語：半年
にほんご　はんとし
🏠：渋谷
しぶや

趣　味：コーラス
しゅ　み

ポール・スミス（イギリス）
慶応大学の学生（経済学）
けいおうだいがく　がくせい　けいざいがく

日本語：２年
にほんご　　ねん
🏠：池袋
いけぶくろ

趣　味：テニス
しゅ　み

スーザン・ハリソン
（オーストラリア）
teaches at a highschool
(English)

日本語：１年半
にほんご　ねんはん
🏠：千駄ヶ谷
せんだがや

3つの日本語学校
にほんごがっこう

Complete each memo as in the example.

Example

9:00 ～ 4:00

1週間に	**5** 回
しゅうかん	かい
1日に	**6** 時間
にち	じかん
宿題（homework）	あります / ありません
しゅくだい	
テキスト	つかいます / つかいません
その他（other comments）	しんぶん ラジオニュース
た	

①

午前　午後　夜のコース
ごぜん　ごご　よる

1週間に	□ 回
しゅうかん	かい
1日に	□ 時間
にち	じかん
宿題（homework）	あります / ありません
しゅくだい	
テキスト	つかいます / つかいません
その他（other comments）	
た	

②

1週間に	□ 回
しゅうかん	かい
1日に	□ 時間
にち	じかん
宿題（homework）	あります / ありません
しゅくだい	
テキスト	つかいます / つかいません
その他（other comments）	
た	

Task Speaking ▪ はなしましょう

■ Key Patterns

はやくかえるといっていました。　　He/She said he/she would come home early.

おそくなるとおもいます。　　I think he/she will come home late.

■ Key Words & Expressions

もしもし、田中さんのおたくですか。　　Hello, is this Tanaka's? [on the phone]
　　　　　たなか

すみません、けいこさん、おねがいします。　　I would like to speak to Keiko.
　　　　　　　　　　　　　　　　　　　　　　[on the phone]

*しつれいします。　　Good-bye. [on the phone]

Task Listening ▪ ききましょう

■ Key Patterns

電話をかけている人　　the person who is making a phone call
でんわ

（あそこで）コーヒーをのんでいる人はだれですか。　　Who is the person drinking coffee
　　　　　　　　　　　　　ひと　　over there?

■ Helpful Words & Expressions

* 着物　　kimono; Japanese clothes
  きもの

* ウイスキー　　whisky

* 息子　　son
  むすこ

To Know Japan

ターミナル駅、新宿の電話コーナー。　Telephone corners at Shinjuku Station,
えき　しんじゅく　でんわ　　　　　　one of Tokyo's railway terminals

電話は、お金でかける人もカードでかける人もいます。
でんわ　　かね　　　ひと　　　　　　　　ひと
Some people use coins and others telephone cards for telephoning.

「もしもし、おかあさん……」
"Hello, is that you, Mother?"

35

あしたの予定
よ てい

Part A

You are Michiko Sato's mother. Michiko has gone out and won't be back until late tonight. One of Michiko's friends calls and asks about Michiko's plans for tomorrow. Use the schedule below to answer him/her.

あしたの予定
よてい

Part B
You are planning one of the following activities with your friend, Michiko Sato, tomorrow. You have forgotten what time you are to meet her. Call her and find out.

図書館へいく
としょかん

テニスをする

ディスコへいく

会社のパーティーで
かいしゃ

Find the person the couple is talking about and choose the appropriate name or title as in the example.

Task Speaking ▪ はなしましょう

■ Key Patterns

これは京都でかった人形です。　　This is the doll I bought in Kyoto.
きょうと　　　　にんぎょう

（はじめて）コーヒーをのんだ日本人はだれですか。　Who was the first Japanese
にほんじん　　　　　　　　　to drink coffee?

■ Key Words & Expressions

　はい，そうです。　　　　Yes, you are right.
* はい，正解です。　　　　Yes, that's right.
　　　せいかい
　ざんねんでした。　　　　Sorry.

Task Listening ▪ ききましょう

■ Helpful Words & Expressions

* 御夫妻　　a married couple
　ごふさい
* 最初の　　the first
　さいしょ
* 小学校　　elementary school
　しょうがっこう
* 教師　　　teacher
　きょうし
* デート　　datlng

* いっしょうけんめい　　earnestly
* 知りあった　　met
　し
* ドライブ　　drive
* プロポーズ　　marriage proposal

To Know Japan

人気のあるテレビのクイズ番組。新しい形のクイズが
にんき　　　　　　　ばんぐみ　あたら　かたち
つぎつぎに生まれます。
う
Popular TV quiz programs. New forms of quizzes
are appearing one after another.

「クイズダービー」
"Quiz Derby"

外国人解答者がレギュラーでがんばる「世
がいこくじんかいとうしゃ　　　　　　　　せ
界まるごとHOWマッチ」。賞品は世界一周
かい　　　　　　　　　しょうひん　せかいいっしゅう
旅行です！
りょこう
Foreign panelists regularly take part
in this "How Much?" quiz. First prize
is a trip around the world!

視聴者が参加する「クイズ百点満点」
しちょうしゃ　さんか　　　　ひゃくてんまんてん
The "Hundred Points for Full
Marks Quiz" in which the televi-
sion viewers take part.

クイズ

Part A
Let's play a game! You are group A.
First, you will ask questions and group B will answer.

Questions

1

Q. 自由の女神をアメリカにおくった国は？
  じゆう めがみ   くに

①イギリス
②オーストラリア
③フランス　　　　　　　　（こたえ：③）

2

Q. はじめて宇宙旅行をした動物は？
       うちゅうりょこう   どうぶつ

①い　ぬ
②さ　る
③パンダ　　　　　　　　　（こたえ：①）

Now, group B will ask questions and you will answer.

Answers

3

①まつ　　　②さくら　　　③うめ

4

①すし　　　②すきやき　　　③てんぷら

Make up a question and ask group B.

クイズ

Part B
Let's play a game! You are group B.
First, group A will ask questions and you will answer.

Answers

1

2

Now, you will ask questions and group A will answer.

Questions

3

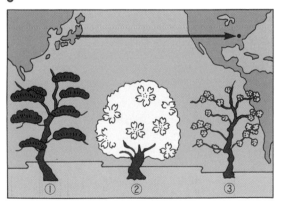

Q. 日本がワシントン市におくった木は?
　　にほん　　　　し　　　　き

①まつ
②さくら
③うめ　　　　　　　　（こたえ：②）

4

Q. ポルトガルから日本にきた料理は?
　　　　　　　　にほん　　りょうり

①すし
②すきやき
③てんぷら　　　　　（こたえ：③）

Make up a question and ask group A.

新婚さんいらっしゃい
しんこん

Choose the appropriate picture in each pair and draw a circle in the box as in the example. In the last picture, write down the proposal and the answer in the boxes.

① 池田さん
いけだ

② 鈴木さん
すずき

Example

つとめているところ

つとめているところ

はじめて会ったところ
あ

さいしょのデート

さいしょのデート

プロポーズ

池田さんはどんな人ですか
いけだ　　　　ひと

プロポーズのことば

第11課
だいじゅういっか
PREPARATION

Task Speaking・はなしましょう

■ Key Patterns

（地下鉄とバスと）どちらのほうがべんりですか。
ちかてつ

Which is more convenient, a subway or a bus?

地下鉄のほうがべんりです。
ちかてつ

A subway is.

*日本人観光客は（オーストラリアとヨーロッパと）
にほんじんかんこうきゃく
どちらのほうがおおいですか。

Which area is visited by more Japanese tourists, Australia or Europe?

ヨーロッパのほうがおおいです。

Europe is.

*（じゃ，）これにします。

(Then,) I will take this.

■ Key Words & Expressions

*テニスができますか。

Can we play tennis?

*とおい　far　　　　*うるさい　noisy

*ちかい　near

Task Listening・ききましょう

■ Key Patterns

地下鉄でいったほうがいいです。
ちかてつ

You had better take a subway.

タクシーはつかわないほうがいいです。

You had better not take a taxi.

■ Helpful Words & Expressions

* ウール　　　　wool
* シルク　　　　silk
* ワープロ　　　a word-processor
* 年賀状　　　　a New Year's card
  ねん が じょう
* 手　　　　　　hand
  て
* 海外　　　　　overseas
  かいがい
* ヨーロッパ　Europe
* 100万円　　　one million yen
  まんえん　　（万 ― ten thousand）
  　　　　　　　　　　　　　　まん

To Know Japan

大分県にある古い旅館の露天風呂。ゆっくり温泉に入って、話をしている旅館の客。
おおいたけん　　ふる　りょかん　ろてんぶろ　　　　おんせん　はい　　　はなし　　　　　　りょかん　きゃく
An outdoor hot-spring bath at an old Japanese-style hotel in Oita Prefecture.　Hotel guests are seen chatting while soaking themselves in the hot mineral water.

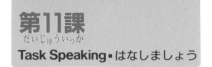
コテージ村
むら

Part A

Four of you want to rent a cottage during the summer vacation. You have the following pamphlet. Go to a travel agency and ask the clerk for more detailed information. Compare cottage A and cottage B and decide which one to rent.

コテージ村
むら

Part B
You are working at a travel agency. You have the information shown below.
Help the customer.

どちらのほうがいいでしょう

Choose the appropriate picture in each pair and draw a circle in the box as in the example.

Example

どちらに決めましたか
き

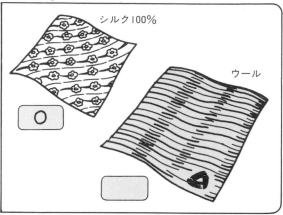

①

どちらに決めましたか
き

②

どちらに決めましたか
き

Task Speaking ▪ はなしましょう

■ Key Patterns

* （いっしょに）日光へいきませんか。　Would you like to go to Nikko with me?
    にっこう
* （いっしょに）（お）花見にいきませんか。　Would you like to go cherry blossom viewing
    はなみ　　　　　　　　　　　　　　　with me?

土曜日はどうですか/いかがですか。　How about Saturday?
どようび
すみません，土曜日は仕事があるんです。　I'm sorry, I have work to do.
　　　　　どようび　　しごと

■ Key Words & Expressions

いいですね。（いきましょう。）　That's fine. (I'll be there.)

どこであいましょうか。　Where shall we meet?

* 駅の改さつにしましょう。　Let's meet at the exit of the station.
  えき　かい

Task Listening ▪ ききましょう

■ Helpful Words & Expressions

* 貸す か	lend		* 錠剤 じょうざい	tablet
* 熱がある ねつ	have fever		* 〜錠 じょう	[counter for tablets or capsules]
* せきがでる	cough		* カプセル	capsule
* おなか	stomach		* 前 まえ	before
* だいじょうぶ	That's all right.		* 後 あと	after
* 薬 くすり	medicine			

To Know Japan

静かな公園の中にある世田谷美
しず　こうえん　なか　　せたがやび
術館。土曜日は夜8時まで開い
じゅつかん　どようび　よる　じ　　あ
ています。

Setagaya Art Museum, situated in a quiet park. On Saturdays it is open until 8 p.m.

夜の美術館の美しい照明。仕事の帰りにゆっ
よる　びじゅつかん　うつく　しょうめい　しごと　かえ
くり絵を楽しむことができます。
え　たの

Attractive illumination of the art museum at night. People can stop by and enjoy the pictures at their leisure on their way home from work.

子供といっしょに絵を見にくるおとうさん
こども　　　　　え　み

A father who has come to view the pictures with his child

47

いっしょにいきませんか

Part A

You have the following plans:

- Plan 1 You want to go to Kabuki.
- Plan 2 You want to go to Kamakura.
- Plan 3 _____

  (Make up your own plan.)

Invite an acquaintance to go with you and make an appointment. You work Monday through Friday, from 9 a.m. to 5 p.m. Here is your schedule.

10 OCTOBER		OCTOBER
17 MON. (月)	*7:00 じゅうどうのけいこ	**24** MON. (月)
18 TUE. (火)		**25** TUE. (火)
19 WED. (水)	*6:30〜8:30 にほんごクラス	**26** WED. (水)	*6:30〜8:30 にほんごクラス
20 THU. (木)		**27** THU. (木)
21 FRI. (金)		**28** FRI. (金)
22 SAT. (土)		**29** SAT. (土)	*1:00〜 けっこんしき Wedding reception (Aoyama)
23 SUN. (日)		**30** SUN. (日)

いっしょにいきませんか

Part B

An acquaintance has some plans and wants to invite you. Accept his/her invitation and make an appointment. You work Monday through Friday, from 9 a.m. to 5 p.m. Here is your schedule.

OCTOBER	OCTOBER
17 MON.	24 MON.　Meeting 10:00
18 TUE.	25 TUE.
にほんご　6:30～8:30	にほんご　6:30～8:30
19 WED.	26 WED.
20 THU.	27 THU.
	パーティー　6:30～
21 FRI.	28 FRI.
コンサート Concert 7:00 Tsuda Hall	
22 SAT.	29 SAT.
23 SUN.　Osaka　1:30 Hikari （Tokyoえき）	30 SUN.

病院で
びょういん

① Circle は　い (yes) or いいえ (no) as in the example.
②③ Choose the appropriate picture in each pair and draw a circle in the box.
④ Fill in the directions on the medicine packet.

巻 末 資 料
(Appendices)

この教材を使う教師の方々へ

●まず x ページの「学習者のみなさまへ」をよく読んでおいてください。
● *An Introduction to Modern Japanese* 以外のテキストを主教材としている方は，92〜95ページの「教科書対照表」を参考にしてください。
● *An Introduction to Modern Japanese* を使っている方は，各課の最後に，仕上げとしてこの教材を使ってください。

PREPARATION の扱い方

(*は *An Introduction to Modern Japanese* でまだ学習していないことを示しています。)

Task Speaking・はなしましょう

・Key Patterns はタスクを行うのに必要な表現の形です。日頃の授業で導入と十分な練習がすんでいれば，扱う必要はありません。不十分なものや初めてのものについては，練習が必要です。ただし，タスク直前の練習は避けてください。
・Key Words & Expressions はタスクに必要な語彙や表現，あるいは自然な会話の流れを助ける語彙や表現です。学習者にとって明らかに初めてのものは，正しい発音のしかたと意味を示しておいてください。

Task Listening・ききましょう

・Key Patterns, Key Words & Expressions ともに，テープ内容の場面を理解し，タスクを行うことを助ける語彙や表現だけをのせてあります。テープを聞くまえ（タスク直前でもよい）に，これらの正しい発音と意味を示しておいてください。これ以外の語彙を示す必要はありません。

To Know Japan

・ここには，学習者に現在の日本社会を紹介する写真をのせてあります。日本語と英語の写真説明がついています。日本語を読むことが目的ではありませんが，読むことに興味のある学習者のために，表現はやさしくしてあります。また，課がすすんでくると，写真に関して日本語で話し合うことができるでしょう。学習者と楽しさを共有してください。

Task Speaking・はなしましょう の扱い方

(8〜10人のクラスを想定した場合。くわしい注意事項は54〜67ページの各課のマニュアルを参考にしてください。)

・学習者の力に合わせて各課のマニュアルにある「タスクのまえに」を参考に，タスクに導入する準備を行ってください。ただし，その準備がタスクの新鮮さを失わせないように，注意してください。導入の必要がない場合は，すぐタスクを始めてください。
・原則としてタスクは学習者1人と他の学習者1人の会話の形で行われます。それ以外のタスク活動は各課のマニュアルを参考に，各自で工夫してください。
・まず，巻末のモデル会話文をあらかじめ読んでおいてください。この例を参考に，みなさんの教室の学習者ならどんなふうに会話が発展するか，予想してみてください。
・原則として Part A の学習者は Part A のタスクページだけを，Part B の学習者は Part B のタス

クページだけを見て会話をすすめます。自分がどちらの Part なのか，学習者がまよわないように，はっきりと指示を出してください。

・学習者がタスクページの指示を読み，絵や写真から場面を読みとるための時間を十分にとって，タスクの目的をよく理解できるようにしてください。

・学習者がタスクを始め，会話をすすめている間は，コミュニケーションのじゃまにならないよう注意して，観察者に徹してください。

・学習者が助けを求めたり，むずかしいと感じているような場合は，手助けやヒントを出してもかまいませんが，このときも教師としてではなく，自ら Part A や Part B になって，学習者を誘導してください。

・最後に，学習者に，より達成感を持たせるために，クラスの前で発表させてもいいでしょう。このときペアを組みかえても楽しいでしょう。

Task Listening・ききましょう の扱い方

　　　（くわしい注意事項は，54～67ページの各課のマニュアルを参考にしてください。）

　Task Listening はテープ内容を聞きとり，指示にしたがってタスクページに解答を書き込むものです。タスクページは解答用紙であると同時に，イラストや写真がテープ内容の理解を助けます。

授業のまえに

・まず教師自身がテープを聞いてタスクを行い，学習者と同じ体験をしてみてください。

・次にテープを何度も聞いておいてください。このとき，巻末のスクリプトを読んでおくと，授業でのテープ操作や答え合わせがしやすくなります。

各課のテープ構成

・各課のテープ構成は，ひとつづきで切れ目のないもの（1，7，12課）と，2～5つの会話に分かれているもの（2～6課，8～11課）の2つの形があります。ひとつづきの場合ははじめの一部分が，また分かれている場合は最初の会話が，それぞれ Example になっています。

手　順

・まずテープを聞くまえにタスクページをよく見る時間を作ってください。どんな状況から何を聞きとるべきか，どこに何を書き込むべきかを確認する時間です。

・1回目のテープを流し，ひとつづきの内容の課も，いくつかの会話に分かれている課も，タスクページをながめながら最後まで聞かせてください。この時，教師はリラックスして聞けるよう配慮するだけで，何も手助けをしないようにしてください。（学習者に1回めのテープからタスクにとりくむ意欲と力がある場合は，タスクを始めてください。）

・つぎにテープをもどし，2回めのテープを流します。ここでタスクを始めます。2回めは Example 部分で一度テープを止めて，全員でタスクの書き込み方を確認してください。（Example 部分がひとつづきの話の流れに含まれている課に関しては，各課のマニュアルにくわしく止め方が書いてありますので参考にしてください。）

・そのあと，残りのテープを聞きながら最後までタスクを行います。（会話が分かれているものは，区切りでテープを止めながらタスクを行ってください。）

・最後に答え合わせを行います。タスクで要求される聞きとり部分が理解できていれば十分です。学習者に余裕があり，他の部分も理解できた場合や理解したいという意欲がある場合は，答え合わせのあとで，さらにくわしいテープの内容について話題にしてください。

■ Task Speaking 《成田空港で》

対象学習者	・簡単な表現で時間がきけて，答えられる。

(IMJ 1 課)

・24時間表示で時間が理解できる。*

タスク	Part A ……成田空港のインフォメーション・デスクで，外国の都市の現地時間をたずねる。
	Part B ……成田空港のインフォメーション・デスクで働いている。時間を A に教える。

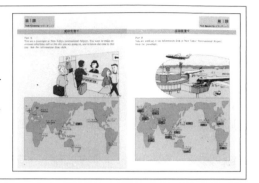

〈タスクのまえに〉 ・世界地図などを使って，学習者の出身国名・都市名を，教師が日本語の発音で聞かせてください。次にタスクに必要な都市についても確認してください。ここでは，日本語の音に慣れる程度で十分です。

〈タスクに入って〉

手順に関する注意 ・1人の学習者を Part B にして，他の複数の学生がつぎつぎに時間をききにいく形のタスク活動もできます。

・Part A の学習者は，きいた時間を地図中に書き込むと，あとで正確にききとったかどうか確認しやすいでしょう。

コミュニケーションに関する注意 ・時間をきくだけでなく，「すみません」「ありがとうございます」「どういたしまして」などの切り出しのことばやお礼が言えると，会話が自然です。

・Part A は，時間をきいたあと「そうですか」などのあいづちがうてると，会話が自然です。

応 用	・実物の時差表付きの世界地図などを利用して，タスクで扱わなかった都市の現地時間をきき合うこともできます。

・ホテルのフロントなども，世界の時間をきく場面として考えられます。

■ Task Listening 《あけましておめでとうございます》

タスク	テレビの正月番組を聞き，世界各地の都市の現地時間を聞きとり，カードに書き込む。

・この課のテープは切れ目のないひとつづきの会話です。会話のはじめの部分にあるパリの現地時間が Example になっています。Example を確かめる時は，パリからの応答が終わったところでテープを止めてください。次にテープをもどし，会話の流れを切らずに聞くために，最初からかけてください。

・東京が午前0時であることを見落とすと理解しにくくなりますので，注意してください。

・第1課としては，かなりむずかしく感じられるかもしれませんが，現場検証の結果，学習者は十分このタスクをこなすことができました。教師の方も自信をもって扱ってください。

・一語一語にとらわれず，わからないことばの中から，タスクが要求している地名と時間は聞けたという満足感を与えるよう指導してください。ここでは，それで十分です。本書の Task Listening に慣れるという意味で大切な課です。

■ Task Speaking 《アイスクリーム屋さん》

対象学習者	・簡単な表現で値段がきけて, 買物ができる。
	(IMJ 2課)

タスク	Part A……アイスクリーム屋さんで自分の好きなアイスクリームを選び, 値段をきいて買う。 Part B……アイスクリーム屋さんの店員。アイスクリームを売る。

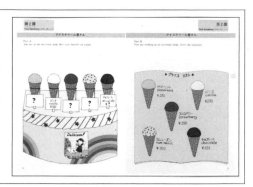

〈タスクのまえに〉・アイスクリーム屋さんに並んでいるいろいろなアイスクリームの写真を見せて,「これは何ですか」などと質問し, 学習者にアイスクリームの種類(フレーバー名)をきいてみましょう。教師はそれを日本語の発音で, もう一度聞かせてください。

〈タスクに入って〉

手順に関する注意 ・この課では, Part A のページを Part A と Part B の学習者の間に置き, 両者が Part A のページを見ながらタスクを行います。Part B はさらに Part B のページのプライスリストも見ながら, タスクを行います。

・1人の学習者を Part B にして, 他の複数の学習者がつぎつぎにアイスクリームを買いにいく形のタスク活動もできます。

・Part A のページを学習者の間のどこに置くかによって,「これ」「このアイスクリーム」ではなく,「それ」「そのアイスクリーム」の方が適当になることもあるので, 注意してください。

コミュニケーションに関する注意 ・店員のことばとして,「いらっしゃいませ」ということばを求める様子の学生には, この表現を与えてもいいでしょう。

・店員が「ありがとうございます」と言ったあと, 客は「どういたしまして」とは言わないことに注意してください。

・色を表現したいという学習者には, 色の表現を与えてください。

・2つ買いたい人には,「~と~」という表現を与えてもいいでしょう。

・実際のお金を使ってタスクを行うこともできます。

応 用	・他のファーストフード(ハンバーガー, ホットドッグなど)のパンフレットやメニューなどを利用して, 同じようなやりとりを行うこともできます。

■ Task Listening 《郵便局で》

タスク	郵便局の窓口で行われる4つの会話を聞いて, それぞれの料金を聞きとり, 解答欄に書き込む。

・テープは Example, 会話1, 2, 3の4つに分かれています。

・タスクのあとで, 各学習者の出身国までの封書やはがきの料金をきいてみてもいいでしょう。

■ Task Speaking 《サン・スポーツプラザ(1)》

| 対象学習者 | ・簡単な表現で人や物の場所がきける。また，位置関係を表す基本的なことばが理解でき，表現できる。(IMJ 3課) |

| タスク | Part A ……スポーツクラブ（サン・スポーツプラザ）の受付（インフォメーション・デスク）で，パンフレットを見ながら，センター内の施設の場所をたずねる。
Part B ……サン・スポーツプラザの受付で働く人。Part A の質問に答え，各施設の位置を教える。 |

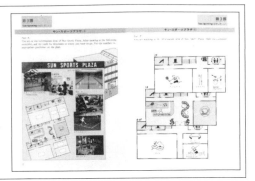

〈**タスクのまえに**〉・学習者に「国にスポーツクラブがありますか」，また「そこに何がありますか」などの質問をしてみましょう。その時，施設に関することばを日本語の発音で聞かせてください。ここで実際のパンフレットを利用するといいでしょう。ない場合は，Part A のタスクページを利用しても有効です。

〈**タスクに入って**〉

手順に関する注意
・この課では位置関係の理解が特に大切なので，まず学習者がそれぞれのページの You の位置にいることを確認してください。

・1人の学習者を Part B にして，他の複数の学習者がつぎつぎに受付にききにいく形のタスク活動もできます。

・最後に，Part A がパンフレットに書き込んだ数字を確認して，正しく情報をきき出したかどうか確かめてください。

コミュニケーションに関する注意
・「2階」「地下1階」は，「(この)うえ」「(この)した」でも表現できます。

・原則として，学生がタスクを行っている間，教師は口を出さないようにしてください。ただし，スムーズに会話が運ばれていない場合，教師がタスクに関係のない部分を使って，「電話はどこですか」「電話はエレベーターのそばにありますね」などと誘導し，位置関係を表現する会話を示すこともできます。

| 応 用 | ・位置関係がはっきり読みとれる他の施設のパンフレットや，楽しいイラストの入ったレジャー・センターの地図を利用して，同様の会話を行うこともできます。
・場所をきく「〜はどこにありますか」以外に，施設などがあるかどうかをたずねる「〜はありますか」を入れると，会話が広がるでしょう。 |

■ Task Listening 《どこですか》

| タスク | 物や人の場所をたずねる4つの短い会話を聞いて，それがどこにあるかを聞きとり，正しい絵を選ぶ。 |

・タスクのあとで，それぞれの会話がどこで交わされたものか，学習者にきいてみましょう。

■ Task Speaking 《サン・スポーツプラザ(2) ―健康チェック―》

対象学習者 ・日常的，基本的動詞の「ます・ません」の形を使って，習慣が表現できる。 (IMJ 4課)

タスク Part A……新しく会員になったスポーツクラブで，インストラクターの健康チェックのインタビューに答える。
Part B……スポーツクラブのインストラクター。個人カードを作るため，新入会員の生活習慣についてインタビューする。

〈タスクのまえに〉 ・「健康」というフラッシュカードを黒板にはるなどして，「健康」が話題であることを示し，「毎日何をしますか」と，自由に学習者の習慣をきいてみましょう。自然にスポーツの話題が出ると思いますが，その時点で，「テニス」「ゴルフ」「スキー」「スケート」「ジョギング」などのスポーツ名を，日本語の発音で聞かせてください。

〈タスクに入って〉
手順に関する注意 ・Part B は，タスクページの個人カードにあるチェック項目に従って会話を進めますが，Part A は，自分自身の生活について答えていくことになります。Part A の学習者がこの点をしっかり理解したかどうか，注意してください。

コミュニケーションに関する注意 ・女性は「酒」ではなく「お酒」と言うことが多いことを教えてください。
・Part A の学習者が自分のするスポーツ名を日本語で言えない場合は，助けてあげてください。
・Part B は個人カードを作りながら，「そうですか」「わかりました」などのあいづちがうてると，会話が自然です。

応 用 ・個人カードのチェック項目に「朝食」を加え，朝食を食べるかどうか，何を食べるか，何を飲むかなどについて，会話を発展させることもできます。また，コーヒーに関して，「ブラックですか」「ミルクを入れますか」などの質問をしてもいいでしょう。さらに余裕があれば，昼食や夕食に話題を広げてみてもいいでしょう。

■ Task Listening 《インタビュー ―休みの日―》

タスク 4人の通行人に雑誌記者が街頭インタビューをしているのを聞く。「休日は何曜日か」「休日は何時に起きて何をするか」を聞きとり，インタビューカードを完成させる。

・テープは，Example，インタビュー1，2，3の4つに分かれています。
・解答のしかたが複雑で，絵の数も多いので，テープを聞くまえに，タスクページをじっくり見る時間を作ってください。
・聞きとらなければならない情報が多いので，Example のところで解答のしかたをしっかり確認してください。曜日は選んで○をつけ，起床時間は解答欄に書き込みます。何をするかについてはそれを示す絵を選んで○をつけます。
・学習者の手もとをよく見て，書き込みが終わってから，次のテープをかけるようにしてください。
・タスクのあとで，学習者に同じ内容のインタビューをしてみてもいいでしょう。

第 5 課

■ Task Speaking 《宝石どろぼう》

<table>
<tr><td>対象学習者</td><td>・日常的，基本的動詞の「ました・ませんでした」の形を使って，過去の行動が表現できる。
・「何時に」「どこで」「だれと*」「何を」などの疑問のことばが理解でき，表現できる。また，これらの質問に答えられる。 (IMJ 5 課)</td></tr>
<tr><td>タスク</td><td>Part A……昨夜 6 時から11時までの間に，有名宝石店でダイヤが盗まれるという事件があった。この件で，容疑者にアリバイをたずねる警察官。
Part B……この事件の容疑者のひとり。警察官にアリバイがあることを明らかにし，自分が無実であることをわからせる。</td></tr>
</table>

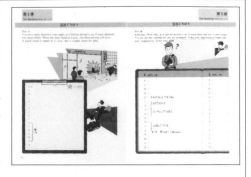

〈タスクのまえに〉・「アリバイゲーム」というフラッシュカードを黒板にはるなどして，ゲームであるという意識を学習者に十分持たせた上で，前日の行動をきいてみてください。その際，時間や場所などがはっきり表現できるようにしてください。

〈タスクに入って〉

手順に関する注意・警察官になる Part A は，タスクページの調書に，Part B の行動について書き込みをしてもいいでしょう。

コミュニケーションに関する注意・ゲームであることを楽しめる雰囲気作りをしてください（イラストを楽しむなど）。
・宝石が盗まれたことについて表現するのは，このレベルではむずかしいので，Part A は「きのう〜時にどこにいましたか」のような質問から会話を始めてもかまいません。
・Part B は， 8 時15分以後については自分でアリバイを作る必要があることを確認してください。

応 用	・学習者自身の手帳を使って，同様のゲームを行うこともできます。 ・事件のあった日時を変えて，さらに以前の日の行動を思い出しながら同様のゲームを行うと，スリルが増すかもしれません。 ・実際の事件の写真やイラストなどを持ち込み，さらに現実感を持たせることもできますが，その際は学習者が悲しみや残酷さ，不快感を感じるものは，避けた方がいいでしょう。

■ Task Listening 《モーニングショー》

<table>
<tr><td>タスク</td><td>テレビのモーニングショーでの会話を聞く。アナウンサーは 3 人のゲストとつぎつぎに話をし，現在に至るまでの話をきき出していく。それぞれのエピソードの内容と一致する絵を選ぶ。</td></tr>
</table>

・このテープは，アナウンサーの前置きの部分を含む Example と，会話 1， 2 の 3 つに分かれています。
・テープを聞くまえに，絵を読みとる時間を十分に作ってください。

58

第 6 課

■ Task Speaking 《京都旅行》

対象学習者	・「〜はどうでしたか」の形を使って，人・物・場所の印象がきける。また，形容詞・形容動詞を使って，それに答えられる。　　　　　　　(IMJ 6 課) ・形容詞・形容動詞の過去形を文末に使える。*

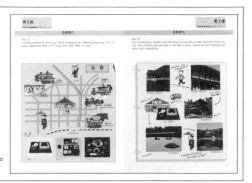

タスク	Part A……京都旅行を計画している。手もとのパンフレットを見ながら，最近京都へ行った友人に，いろいろな場所の印象をきく。 Part B……最近，京都へ行った人。自分の旅行アルバムを見ながら，京都旅行を計画している友人の質問に答える。

〈タスクのまえに〉

・「旅行をしますか」「よくしますか」などと，旅行の話題から入り，どこへ行ったか，何か買ったか，何を食べたか，どうだったかなどを簡潔にきいてみましょう。ただし，京都の話題が出た場合は，タスクが新鮮でなくなりますので，あまり深入りしないようにしてください。

・「〜寺」「〜寺」が temple，「神社」「神宮」が shrine，「〜城」が castle であることを説明し，日本語の発音で聞かせてください。覚えさせる必要はありません。

〈タスクに入って〉

手順に関する注意

・寺の名など固有名詞が多いので，タスクを始めるまえに，タスクページを見る時間を十分に作ってください。

・グループで旅行に行くという設定にして，Part A を複数にすることもできます。

コミュニケーションに関する注意

・「京都に行くんですが，京都のことを少し教えてください」という切り出しのことばは，このレベルの学習者にはむずかしいので，Part A は「〜へ行きましたか」「〜はどうでしたか」のように会話を始めてもかまいません。

・Part B は，Part A から情報を受けとるたびに，「そうですか」「それはいいですね」「じゃ，わたしも行きます」などのあいづちがうてると，会話が自然になります。

・Part B の学習者が実際に京都へ行ったことのある場合は，アルバムにある情報以外のことを話してもかまいません。会話がよりいきいきするでしょう。

応 用	・京都以外に学習者が実際に行った旅行のアルバムを利用することができます。 ・また，どんなおみやげを買ったか，天気はどうだったか，宿はどうだったか，どんな人に会ったかという質問を加えて，話題を広げることもできます。

■ Task Listening 《どうでしたか》

タスク	どこへ行ったか，何をしたかについて話している日常的な会話を聞く。まず，2つの写真からその行動を示す方を選び，次に登場人物が話している感想を聞きとって，解答欄に文字で書き込む。

・テープは，Example と会話1，2，3の4つに分かれています。

・感想を書きとめる方法は，ひらがなでもローマ字でも英語でもかまいません。意味を理解したかどうかが大切です。ただし，解答を確認する時は，学習者が日本語で言うことを期待してください。

・各会話は短いものですが，文字を書く時間をとって，次のテープをかけてください。

■ Task Speaking 《パーティーをしましょう》

対象学習者	・人にものを依頼したり，指示したりする動詞の「〜てください」の形が理解でき，表現できる。 ・人に手助けを申し出る動詞の「〜ましょうか」の形が理解でき，表現できる。　　　　　(IMJ 7課)

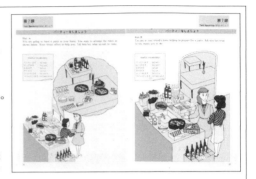

タスク	Part A……自宅でパーティーを開くための準備をしている。イメージ絵のようにパーティー・テーブルを作りたいと考えている。手助けを申し出る友人に手伝ってもらったり，指示を与えたりする。 Part B……パーティーの開かれる友人宅にいる。台所の様子をよく見て，準備の手伝いを申し出たり，指示をあおいだりする。

〈タスクのまえに〉・学習者の国のパーティーの様子をきいてみてください。どんなものを食べるか，飲むか，作るか，買うか，どんなテーブルセッティングにするか，何時ごろが多いか，パーティーの準備を手伝うときはどんなことをするかなど，そろそろ日本語で話せるでしょう。
・タスクページの中の新出語を日本語で聞かせるようにしてください。

〈タスクに入って〉
手順に関する注意・この課では場面から多くの新出語が必要になりますので，単語がわからず，会話の流れが止まってしまうことのないように，絵の中に文字で単語が入れてあります。また，絵が細部にわたるため，学習者が絵から場面を読みとる時間を十分に作ってください。
・1人の学習者を Part A にして，他の複数の学習者が準備を手伝う形のタスク活動もできます。

コミュニケーションに
関する注意・「〜ましょうか」は申し出とわかるように，また，依頼の「〜てください」は語調がきつい命令調にならないように，文末のイントネーションに気をつけてください。
・紙面上で行動するわけですから，ひとつひとつ手伝いが終わって，すぐに次の手伝いをするという気持ちになりにくいかもしれません。手伝う Part B が，ひとつひとつ「はい，置きました」「はい，運びました」と，場面に積極的に参加することを期待しましょう。

応　用

・教室にパーティー会場を作り，パーティーに必要なものの実物や絵の切りぬきを利用して，実際に動きながら同様のタスクを行うこともできます。
・パーティー当日以前の準備（招待者に手紙を書く，電話をかけるなど）をリストアップして，同様のタスクを行うこともできます。
・設定を，持ち寄りパーティーにすることもできます。

■ Task Listening 《東京下町ツアー》

タスク	東京下町ツアーの添乗員から翌日のスケジュールについての説明を聞く。集合時間や場所などを聞きとり，スケジュール表の解答欄に書き込む。

・この課は，はじめての少々長いモノローグで，切れ目のないひとつづきの話です。学習者がツアー参加者になったつもりで聞くことを期待して作ってあります。
・スケジュール表には文字が多く，また，各解答欄が離れていますので，テープを聞くまえにスケジュール表をじっくり見る時間を作ってください。
・朝食の時間が Example ですから，朝食に関する説明が終わったらテープを止めて，解答のしかたを確認してください。次にテープをもどし，会話の流れを切らずに聞くために，最初からかけてください。

第 8 課

■ Task Speaking 《はじめまして》

対象学習者	・初対面のあいさつを交わすことができる。また，簡単な自己紹介ができる。 ・動詞の「〜ています」の形を使って，現在の自分の仕事や趣味などについて表現できる。　　　（IMJ 8 課）
タスク	この課は，Part A・Part B に分かれていない。8 枚のカードは，パーティー参加者 8 人の情報である。学習者はその中の 1 人になって，互いに自己紹介をし，会話を交わす。

〈タスクのまえに〉 ・「お国はどちらですか」「ご趣味は何ですか」「どちらに住んでいますか」は，はじめて会った人々がよく話題にすることです。これらの表現を学習者に理解させ，それぞれの質問に答えられるように練習しておいてください。ここでは学習者自身のことを答えさせましょう。（これらの表現は，IMJ 8 課で扱われていませんが，タスクで必要になるものです。）

〈タスクに入って〉

手順に関する注意　・学習者一人ひとりがどの人物になるか，最初にはっきりさせておきましょう。また，学習者自身が人物を選んでもかまいません。教師が決める場合には，それぞれ学習者に合った人物を選んでください。

・教室内をパーティー会場にして，全員参加のタスク活動にすることもできます。

コミュニケーションに　・それぞれの役割をカードにして学習者一人ひとりに持たせておくと，本を持たずに会
関する注意　話を進めることができます。さらに，カード内容を覚えてからタスクを始めると，パーティーらしく動くことができます。

・おじぎのしかたに注意してください。

・趣味が同じなら，「わたしの趣味も柔道です。こんどいっしょに……」，また趣味がちがう場合でも，「いいですね。こんど教えてください」などと，学習者が楽しく会話を進めることを期待しましょう。

・学習者が本人以外の人物になって自己紹介するという場面は実際にはありませんが，ゲームとして楽しめる雰囲気作りをしてください。

応　用	・実際の名刺を使ってタスクの中の表現を利用しながら，実際の自己紹介をし合うこともできます。 ・1 人の学習者が，「A さん，こちら B さんです」という形で，他の学習者をさらに別の学習者に紹介する場面を折り込むこともできます。 ・日本人がする典型的な質問「日本語がおじょうずですね」「日本はどうですか」などを学生からひきだし，それを教師が演じて，パーティーの中に入ることもできるでしょう。

■ Task Listening 《3 つの日本語学校》

タスク	3 つの日本語学校の受付で学校の説明を受ける会話を聞き，それぞれの学校の授業内容，スケジュールなどを書きとめるメモを完成させる。

・テープは Example，会話 1，2 の 3 つに分かれています。

・聞きとらなければならない情報が多いので，Example が終わったら十分に時間をとって，解答のしか

たを確認してください。「その他（other comments）」の解答欄には学校や授業の特徴を書き込みますが，1つでも聞きとっていれば十分です。書き込む文字は，ひらがなでもローマ字でも英語でもかまいませんが，解答を確認する時は，学習者が日本語で言うことを期待しましょう。

■ Task Speaking 《あしたの予定》

| 対象学習者 | ・簡単な電話表現で，自分の名をつげ，相手を呼び出すことができる。 (IMJ 8 課)
・「～と思います」「～と言っていました」を使って，第三者の予定を相手に伝えることができ，その内容を聞いて理解することができる。また，伝達内容に適切な plain form の現在形が使える。
・連体修飾の「～ている」を使った「人」に関する説明が理解できる（「～ている人」）。 (IMJ 9 課) |

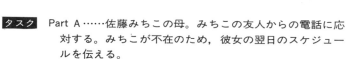

| タスク | Part A……佐藤みちこの母。みちこの友人からの電話に応対する。みちこが不在のため，彼女の翌日のスケジュールを伝える。
Part B……佐藤みちこの友人。翌日の約束の待ち合わせ時間を忘れたので，みちこの家へ電話する。みちこが不在だったため，翌日のみちこのスケジュールを母親にたずねる。 |

〈タスクのまえに〉・この課のタスクは，電話によるコミュニケーションですので，基本的な電話表現（相手先の確認，自分の名をつげる，電話の切りかたなど）ができることが必要です。タスクに入るまえに，これらの表現を練習しておいてください。特に，電話の切りかた，受話器の置きかたに注意してください。

・「日本人に電話をしますか」「日本語で話しますか」「どのくらい（の時間）話しますか」などの質問をして，生活における電話について話し合ってみましょう。

〈タスクに入って〉

手順に関する注意・この課は電話での会話ですので，必ず Part A 1 人と Part B 1 人の対話の形でタスク活動を行います。

・Part A が Part B に渡す情報は時間だけという単純なものですから，くれぐれも Part B の学習者が Part A のページを見ないように注意してください。

コミュニケーションに関する注意・学習者同士が顔を見合って話をしないように配慮してください。

・電話器があれば，使ってみるといいでしょう。

・Part A（みちこの母）が，Part B を知っている状況なら，「こんにちは」「こんばんは」などのあいさつが入るかもしれません。

| 応 用 | ・同じ場面で，伝える内容をもう少し複雑にしてやってみるといいでしょう（「～時に～で会う」「～で待っている」など）。 |

■ Task Listening 《会社のパーティーで》

| タスク | 1 組のカップルが，会社のパーティーに集まった人々について立ち話をしているのを聞く。どの人物について話をしているのかを聞きとり，その人物の正しい役職名や名前を選ぶ。 |

・テープは Example，会話 1，2，3，4 の 5 つに分かれています。

・この課は，目的の人物をパーティー会場の絵からさがし，次に聞きとった役職名や名前を文字の上から選ばなければならないので，テープを聞くまえに，タスクページをじっくり見る時間を作ってください。

・また，学習者の手もとをよく見て，書き込みが終わってから，次のテープをかけてください。

第10課

■ Task Speaking 《クイズ》

対象学習者	・連体修飾の「〜た」を使った「人・物・場所」に関する説明が理解でき，表現できる。 (IMJ10課)

タスク	Part A（グループ）……用意されたクイズを出す。また，Part B の出したクイズに答える。さらに，グループでクイズを作り，Part B に出す。 Part B（グループ）……Part A と同じ。

〈タスクのまえに〉 ・「日本ではいろいろなテレビ・ラジオのクイズ番組があります」というようなことを話題にしてください。学習者の国のこともきいてみましょう。そして，タスクを参考に教師が1題クイズを出し，みんなで楽しみましょう。クイズの内容は学習者に合わせて考えてけっこうですが，タスクと同じ形式のものを出してください。

〈タスクに入って〉

手順に関する注意 ・この課はグループ対抗のクイズという形のタスク活動ですが，出題者1人，解答者複数という形のタスク活動もできます。

・出題者を誰にするか，答えのチャンスは1回か，制限時間を設けるか，グループ内の相談を日本語だけでするかなど，しっかりルールを決めましょう。

コミュニケーションに関する注意 ・クイズらしく聞こえる日本語の流れを最初から要求する必要はありません。学習者がクイズの出しかたにとまどっているような質問をしたら，教師が見本を示しましょう。

・Part A，Part B ともページの下に "Make up a question and ask group A (or B)." というタスクがついています。見落とさないでください。学習者が問題を作るというもので，重要です。考える時間を十分に作って行ってください。

応　用

・「①……②……③……」のような正解の選択肢のないクイズにすることもできます。

・学習者の実際の情報をもとに，「〜している人（〜した人）は手をあげてください（誰でしょう）」という質問をはやくつぎつぎに出すゲームもできます。「立ってください」など，手をあげる以外の行動をつけることもできます。

・「昼寝ていて，夜起きるものなあに」（解答：ふとん）などの，なぞなぞゲームをすることもできます。

■ Task Listening 《新婚さんいらっしゃい》

タスク	新婚夫婦にインタビューする視聴者参加のテレビ番組で，2組の夫婦がインタビューを受けている会話を聞く。それぞれの会話を聞き，その話の内容と合っている絵を選ぶ。

・このテープは池田さん御夫妻と鈴木さん御夫妻の2つに分かれています。

・会話のはじめの池田さんの御主人の職業に関する部分が Example になっています。この部分が終わったらテープを止めて，解答のしかたを確認してください。次にテープをもどし，会話の流れを切らずに聞くために，最初からかけてください。

・鈴木さん夫妻のプロポーズのことばは，解答欄に書き込みます。

<h1 style="text-align:center">第11課</h1>

■ Task Speaking 《コテージ村》

対象学習者	・2つのものを比較する表現ができ，理解できる。 （IMJ11課） ・「〜にします」の形を使ってものごとの決定が表現でき，また，その表現が理解できる。*
タスク	Part A……友人4人と夏休みにコテージを借りるため，情報の少ないパンフレットを見ている。旅行代理店の人に，A・B2つのコテージについて質問し，比較検討してどちらかに決める。 Part B……旅行代理店で働いている人。コテージ村のくわしいパンフレットを見ながら，客の質問に答える。

〈タスクのまえに〉・学習者の国では，長期・短期の休みにどんなところへ行くかきいてみましょう。またリゾート地はどこにあるか，どんなことをするかを話し合ってみてください。海と山，スキーとスケートなど，比較できるものが話題にのぼったら，どちらの方がいいか，どうしてかと個人の意見をきいてみましょう。

〈タスクに入って〉

手順に関する注意　・Part Aは4人の学習者のグループという設定ですが，学習者の人数によってはグループの人数を変えてかまいません。

・この課では，Part Aには想像力，Part Bには絵からコテージ村の情報を読みとる力が必要です。じっくり絵を見る時間を作ってください。

コミュニケーションに関する注意　・Part Aの学習者が「夏はコテージで」のパンフレットとメモが示すヒント以外のことをききたがるかもしれません。その場合，「〜はありますか」「〜ができますか」「駅から何分ですか」のような形で話が広がるかもしれません。

・「コテージを借りたいんですが」という欲求表現を含む切り出しのことばは，このレベルの学習者にはむずかしいので，用件から話に入ってかまいません。

応用

・実際の旅行のパンフレットを2種類以上用意して，それぞれを比較し行き先を決めることもできます。

・2軒の出前のメニュー（すし屋，ピザの店など）を比較して，出前を頼むこともできます。

■ Task Listening 《どちらのほうがいいでしょう》

タスク	買い物や旅行の行き先などを決めるための相談をしている3つの会話を聞く。最後にどう決定したのかを聞きとり，それを示す絵を選ぶ。

・テープはExample，会話1，2の3つに分かれています。

・この課は3つの会話を聞いて，どちらに決めたかだけを大きくつかむことを目的にしています。

・学習者が楽にタスクを終えた場合は，なぜそう決めたのか，その理由も確認し合うとよいでしょう。

第12課

■ Task Speaking《いっしょにいきませんか》

<table>
<tr><td>対象学習者</td><td>・「〜んです」を使って，理由が表現できる。また，その表現が理解できる。　　　　　　(IMJ12課)
・「〜ませんか」を使って，人を誘うことができる。*</td></tr>
<tr><td>タスク</td><td>Part A……歌舞伎や鎌倉，その他自分自身のプランに友人を誘う。相手が誘いに応じたら，タスクページの手帳を見ながら互いの日程を調整し，約束をする。
Part B……友人に誘われ，その誘いに応じる。タスクページの手帳を見ながら互いに日程を調整し，約束をする。</td></tr>
</table>

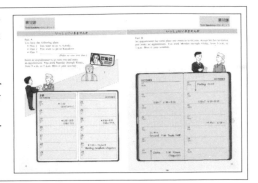

〈タスクのまえに〉　・「仕事のあとでときどきどこかへ行きますか」「土曜日，日曜日はどうですか」「誰と行きますか」などの質問をして，余暇の過ごしかたや，どんなことに興味を持っているかについて，学習者と話し合ってみましょう。

　・「(場所)へ〜ませんか」「(目的)に〜ませんか」が誘いの意味であることを理解させ，練習しておいてください。映画・芝居・イベントのちらしやポスター，コンサートの切符，観光地やレジャー施設のパンフレットなどを使って，現実感のある練習にしてください。

〈タスクに入って〉

手順に関する注意　・学習者の人数によって，プランの数を増やしてください。

　・Part Bの学習者は，Part Aの学習者の誘いを必ず受け入れることを確認してください。

コミュニケーションに関する注意　・このタスクでは，Part A，Part Bともに，都合が悪い理由を「〜んですが」を使ってやわらかく表現することを期待しています。ただし，ここでは「〜んです」を深追いしないでください。学習者がことわる理由を述べるという気持ちで「〜んです」が使えれば十分です。

　・前述のちらしやパンフレット類を実際に利用してタスクを行うと，より現実的になって楽しくなるでしょう。その際「(コンサートのチケット)がありますが」で会話を始めて，学生にはタスクのあとで，「(コンサートのチケット)があるんですが」の方が自然であることを指導してください。

　・Part Bが誘いを受け入れたら，学習者が互いに，会う時間や場所を決めるところまで話を進めることを期待しましょう。

応　用

　・学習者自身のスケジュールを利用し，実際に誘い合い，約束をすることもできます。

　・現実には，誘われても都合が悪くてどうしても行けないことがあります。そのような状況を想定して，「残念ですが，〜んです」「また次にしましょう」などの表現を練習しておくと，実際の場面で役に立つでしょう。

■ Task Listening 《病院で》

・この課のテープはひとつづきの会話ですが，場面が病院の待ち合い室から診察室,薬局へと移行しています。

・会話のはじめの部分で，患者がのどの痛みを伝えているところが Example になっています。この部分が終わったら，テープを止めて解答のしかたを確かめてください。次にテープをもどし，会話の流れを切らずに聞くために，最初からかけてください。薬局での会話の前で一度テープを止めてもかまいません。薬局での会話は独立して聞いた方が，学習者の負担が少ないでしょう。

・①の症状についての会話の途中に，②で聞きとらなければならない部分が入ってくることに注意してください。

・このタスクでは，解答のしかたが3種類ありますので，テープを聞くまえに，よく確認してください。

第1課　成田空港で ——————————————— At Narita Airport

A： すみません，ニューヨークはいま何時ですか。

B： 6時です。

A： 午前ですか，午後ですか。

B： 午前6時です。

A： ありがとうございます。

B： どういたしまして。

第2課　アイスクリーム屋さん ——————————— At an Ice-cream Shop

A： すみません，これはなんですか。

B： ペパーミントです。

A： ペパーミントはいくらですか。

B： 250円です。

A： これはなんですか。

B： ストロベリーです。

A： ストロベリーはいくらですか。

B： 280円です。

A： じゃ，ペパーミントをください。

B： はい，ありがとうございます。

第3課　サン・スポーツプラザ（1） ——————————— At Sun Sports Plaza 1

A： すみません，レストランはどこにありますか。

B： 2階です。

A： はい。2階のどこですか。

B： エレベーターのまえに美容室があります。

A： はい。

B： レストランはそのとなりです。

A： 美容室のとなりですね。

B： はい，そうです。

A： どうもありがとうございました。

B： どういたしまして。

第4課　サン・スポーツプラザ (2)　—健康チェック—

————————————————————At Sun Sports Plaza 2 -Fitness Check-

B： お名前は。

A： _____です。

B： _____さんですね。毎日，何時におきますか。

A： 6時におきます。

B： 6時ですね。夜は何時にねますか。

A： たいてい11時ごろねます。

B： 11時ですね。_____さん，たばこをすいますか。

A： いいえ，たばこはすいません。

B： そうですか。お酒をのみますか。

A： はい，のみます。

B： 毎日のみますか，ときどきのみますか。

A： ときどきです。

B： コーヒーをのみますか。

A： はい。

B： たくさんのみますか。

A： はい，たくさんのみます。

B： _____さん，スポーツをしますか。

A： はい，します。

B： なにをしますか。

A： テニスをします。

B： テニスですね。どうもありがとうございます。

第5課　宝石どろぼう ——————————————————————— The Jewelry Thief
だいごか　ほうせき

A：　警察ですが，＿＿＿＿＿＿＿さんですね。
　　けいさつ

B：　はい。

A：　きのう，午後6時ごろどこにいましたか。
　　　　　ごご　じ

B：　日本語学校にいました。
　　にほんごがっこう

A：　学校は何時におわりましたか。
　　がっこう　なんじ

B：　8時におわりました。
　　じ

A：　そのあと，なにをしましたか。

B：　ともだちとレストランへいきました。

A：　何時にいきましたか。
　　なんじ

B：　8時15分にいきました。
　　じ　　ふん

A：　何時までそこにいましたか。
　　なんじ

B：　9時半までいました。
　　じはん

A：　そのあと，すぐうちへかえりましたか。

B：　いいえ，ディスコへいきました。

A：　そのともだちといきましたか。

B：　はい，ともだちといきました。12時までいました。
　　　　　　　　　　　　　　　じ

A：　ああ，そうですか。はい，ありがとうございました。

第6課　京都旅行 ——————————————————————— A Trip to Kyoto
だいろっか　きょうとりょこう

A：　＿＿＿＿＿＿＿さん，金閣寺へいきましたか。
　　　　　　　　　きんかくじ

B：　ええ，いきました。

A：　どうでしたか。

B：　とてもきれいでしたよ。

A：　そうですか。竜安寺へもいきましたか。
　　　　　　　　りょうあんじ

B：　ええ。

A：　どうでしたか。

B：　しずかでした。

A： 二条城へもいきましたか。
　　にじょうじょう
B： いいえ，いきませんでした。

A： そうですか。清水寺へはいきましたか。
　　　　　　　　きよみずでら
B： ええ，ひろくてりっぱでした。

A： 平安神宮は。
　　へいあんじんぐう
B： いきました。あかくてきれいでした。ひとがたくさんいました。

A： そうですか。銀閣寺へもいきましたか。
　　　　　　　　ぎんかくじ
B： ええ，いきました。しずかできれいでした。

A： そうですか。食事はなにをたべましたか。
　　　　　　　　しょくじ
B： (お)そばをたべました。とてもおいしかったですよ。

A： じゃ，わたしもたべます。

第7課　パーティーをしましょう ――――――――――――Let's Party
だいななか

B： ＿＿＿＿＿さん，てつだいましょうか。

A： はい，おねがいします。

B： なにをしましょうか。

A： おさらをはこんでください。

B： どこにおきましょうか。

A： おおきいテーブルにおいてください。

B： はい，わかりました。

B： コップもはこびましょうか。

A： ええ，おねがいします。

B： つぎは，なにをしましょうか。

A： りんごとみかんとバナナをかごにいれてください。

B： はい。これもはこびましょうか。

A： はい，おねがいします。

A： どうもありがとうございました。

B： いいえ。

A： たいへんたすかりました。

第8課　はじめまして ——————————————————— Nice to Meet You

（例1）

カロ： はじめまして，パウリーノ・カロです。

ハリソン： はじめまして，スーザン・ハリソンです。

カロ： ハリソンさん，お国はどちらですか。
くに

ハリソン： オーストラリアです。カロさんは。

カロ： スペインです。ハリソンさんは，どんなお仕事ですか。
しごと

ハリソン： 高校で英語をおしえています。カロさんは。
こうこう えいご

カロ： わたしはホテルにつとめています。

ハリソン： おいそがしいですか。

カロ： ええ，毎日とてもいそがしいです。
まいにち

ハリソン： そうですか。たいへんですね。

（例2）

シュミット： はじめまして，シュミットです。

陳： はじめまして，陳です。
ちん ちん

シュミット： どうぞよろしく。

陳： こちらこそ，どうぞよろしく。シュミットさんは，どこにすんでいますか。

シュミット： 渋谷です。
しぶや

陳： じゃ，にぎやかでしょう。

シュミット： はい，とてもにぎやかです。陳さんは，どこにすんでいますか。
ちん

陳： わたしは中野にすんでいます。
なかの

シュミット： そうですか。

陳： シュミットさんは，日本語を何年勉強しましたか。
にほんご なんねんべんきょう

シュミット： 半年です。陳さんは。
はんとし ちん

陳： わたしは3年です。シュミットさんは，いまも日本語を勉強していますか。
ねん にほんご べんきょう

シュミット： はい，いまも学校へいっています。
がっこう

陳： そうですか。シュミットさんのご趣味は。
しゅみ

シュミット： カラオケです。陳さんは。
ちん

陳： 柔道です。
じゅうどう

シュミット： 柔道ですか。いいですね。
じゅうどう

第9課　あしたの予定 ―――――――――――――――――――――――― Tomorrow's Plan

B： もしもし，佐藤さんのお宅ですか。

A： はい，佐藤です。

B： あの，＿＿＿＿＿＿ですが，すみません，みちこさんおねがいします。

A： みちこは，さっきでかけました。

B： そうですか。何時ごろおかえりでしょうか。

A： さあ，わかりませんが……，きょうはおそくなるとおもいます。

B： そうですか。あの，あした，みちこさんと図書館にいきますが，時間をわすれました。

A： そうですか。みちこは，9時に図書館にいくといっていましたよ。

B： 9時ですね。どうもありがとうございました。

A： いいえ，どういたしまして。

B： しつれいします。

第10課　クイズ ―――――――――――――――――――――――――――――― Quiz

（例1）

A： 自由の女神をアメリカにおくった国は，イギリスですか，オーストラリアですか，フランスですか，どこですか。

B： フランスです。

A： はい，そうです。

（例2）

B： 日本がワシントン市におくった木はなんでしょう。1番まつ，2番さくら，3番うめ。どれでしょう。

A： まつです。

B： ざんねんでした。正解はさくらです。

第11課　コテージ村 ——————————————————— Summer Cottage
だいじゅういっか　　　　　　　　　　　むら

（例１）

A：　すみません，AとBとどちらのほうがやすいですか。

B：　Aのほうがやすいです。Aは１日26,000円，Bは30,000円です。

A：　そうですか。Aのそばにおみせがありますか。

B：　はい。スーパーがあります。おそば屋さんとアイスクリーム屋さんもあります。

A：　べんりですね。

B：　ええ。ディスコもありますよ。

A：　じゃ，Aにします。

（例２）

A：　すみません，Aのコテージは１日いくらですか。

B：　Aですか……。26,000円です。

A：　Bのコテージは。

B：　Bは……，30,000円です。

A：　Bのほうがたかいですね。

B：　はい。Bのほうがひろいですから。

A：　そうですか。テニスコートはどちらのほうがちかいですか。

B：　Bのほうがずっとちかいです。

A：　そうですか。じゃ，Bにします。

第12課　いっしょにいきませんか ——————————— Would You Like to . . . ?
だいじゅうにか

A：　＿＿＿＿さん，歌舞伎にいっしょにいきませんか。

B：　いいですね。いきましょう。

A：　じゃ，23日はどうですか。

B：　すみません，23日は大阪へいくんです。

A：　そうですか。じゃ，30日はどうですか。

B：　ええ，いいですよ。

A： じゃ，30日にいきましょう。

B： ええ。どこであいましょうか。

A： 歌舞伎座のまえはどうですか。

B： ああ，いいですね。歌舞伎座のまえにしましょう。何時にあいましょうか。

A： 4時にはじまりますから……，3時半はどうですか。

B： いいですよ。じゃ，30日の3時半，歌舞伎座のまえであいましょう。

第1課　あけましておめでとうございます ──────────A Happy New Year

You will hear a New Year's TV show.

アナウンサー：　あけましておめでとうございます。日本列島静かなお正月です。では，世界各地のお正月はどうでしょうか。はじめはパリです。パリの山本さ～ん，山本さん。

山　本：　は～い，あけましておめでとうございます。こちらパリです。パリはいま午後４時です。まだおおみそかです。

アナウンサー：　はい，どうも。では次はニューヨーク，ニューヨークの竹田さん。

竹　田：　は～い，日本のみなさん，あけましておめでとうございます。ここはパーク・アヴェニューです。いま，朝の10時です。パーク・アヴェニューは雪です。きれいですよ。

アナウンサー：　はい，どうも。次はシドニーです。シドニーの林さん，こちら東京ですが，林さん。

林：　はい，は～い，林です。A Happy New Year!　ここはシドニーのオペラハウスです。いま午前２時です。こちらあたたかいお正月です。

アナウンサー：　どうも。では最後はバンコクです。バンコクの佐藤さん。

佐　藤：　は～い，バンコクです。おめでとうございます。いま午後10時です。もうすぐ新年です。

アナウンサー：　はい，ありがとうございました。

第2課　郵便局で ──────────────────────At the Post Office

Example

客：　すいません，62円切手10枚ください。

局　員：　はい，ええと，62円切手10枚ですね。はい，620円です。

客：　はい，620円。

局　員：　どうも。

会話1

客：　すいません，この手紙，カナダなんですけど，いくらですか。

局　員：　はい。ええと，カナダですね。150円です。

客：　150円？　はい。

局　員： ありがとうございます。

会話2

　　　客： あの，すみません，これインドへ出したいんですが，いくらでしょうか。
局　員： あ，はがきですね，インドは100円ですよ。
　　　客： はい，じゃあ，100円。
局　員： どうも。

会話3

　　　客： すみません，この手紙とはがき，いくらでしょうか。
局　員： どこですか。
　　　客： ブラジルです。
局　員： ああ，はい，ええ，ブラジルですね。手紙は……170円ですね。
　　　客： はがきは？
局　員： はがきは110円です。ええ，全部で……280円です。
　　　客： 280円ですね。はい，じゃ，おねがいします。
局　員： はい，ありがとうございます。

（1990年3月現在の郵便料金は以下の通りです。カナダ―書状100円，
インド―郵便はがき70円，ブラジル―書状120円，郵便はがき70円）

第3課　どこですか ──────────────────Where Is It? Where Is He?

Example

A： すいません，日比谷図書館はどこですか。
B： あ，日比谷公園の中です。
A： あ，そうですか。どうもありがとうございました。
B： いいえ。

会話1

A： すいません，ちょっと電話をかけたいんですが，ありますか。
B： ああ，電話ですか。あそこにエスカレーターがありますね。
A： はい。
B： あの後ろです。
A： はい，ありがとうございます。

会話2

A： すみません，阿部さん，いらっしゃいますか。
B： 阿部ですか。ええと，阿部はいまコンピューター・ルームにいますが。

A： ああ，そうですか。コンピューター・ルームはどこですか。

B： エレベーターの前です。

A： あ，わかりました。ありがとうございます。

会話3

吉田： あれえ，メガネメガネっと，どこへいったかなあ。

　　　すいません，そこにわたしのメガネはありませんか。

B： メガネ？　吉田さんのメガネですか。

吉田： ええ，わたしのメガネ。

B： 机の上にはありませんけど……。

吉田： あーっ，困ったなあ。

B： あっ，あった。

吉田： どこに？

B： 吉田さんの頭の上にありますよ。

吉田： ああ，あは，どうも。

第4課　インタビュー　—休みの日—　——Street Interview — Your Day Off —

A magazine reporter asks passers-by how they spend their days off.

Example

記　者： すみません，雑誌のアンケートなんですが，ちょっとおねがいします。

A： あっ，は，はい。

記　者： 休みの日は何曜日ですか。

A： 休みですか。土曜日と日曜日です。

記　者： ああ，そうですか。休みの日は何時ごろ起きますか。

A： ああ，9時ごろですねえ。

記　者： それで何をしますか。

A： たいていうちで本を読みます。テレビも見ますけど。

記　者： そうですか。

A： はい，たいていうちでゆっくりですよ。

記　者： はい，どうもありがとうございました。

インタビュー1

記　者： すみません，おじょうさん，おじょうさん。

B： え？　あ，わたしですか。

記　者：　はい。学生さんですか。
　　　B：　いいえ，会社につとめています。
記　者：　そうですか。アンケートなんですが，会社のお休みは何曜日ですか。
　　　B：　ええと，日曜日と月曜日だけど。
記　者：　日曜日と月曜日ですか。お休みの日は何時ごろ起きますか。
　　　B：　(笑)あたし休みの日は早いんです。5時半。
記　者：　5時半？　早いですね。何をするんですか。
　　　B：　あの，日曜日はテニス，え，月曜日はウインドサーフィンです。
記　者：　はあ，じゃあ，休みはスポーツですねえ。
　　　B：　はい。
記　者：　どうもありがとうございました。

インタビュー2

記　者：　すみません，雑誌のアンケート，御協力おねがいします。
　　　C：　はい。何のアンケートですか。
記　者：　休みの日の過ごし方なんですが。
　　　C：　ああ，そうですか。はい。
記　者：　何曜日が休みですか。
　　　C：　私は日曜日だけなんですよ。
記　者：　はあ，そうですか。日曜日は何時ごろ起きますか。
　　　C：　12時ごろですねえ，ええ。いつも昼までねますから。
記　者：　はい。それで午後は何をなさいますか。
　　　C：　午後はゆっくりビールを飲んで，ビデオを見ますねえ。
記　者：　はあ，どんなビデオですか。
　　　C：　たいていゴルフレッスンのビデオですよ。
記　者：　そうですか。どうもおいそがしいところ，ありがとうございました。

インタビュー3

記　者：　すみません，雑誌社の者ですが，アンケート御協力おねがいします。
　　　D：　はい，いいですよ。
記　者：　どうも，すみません。何曜日がお休みの日ですか。
　　　D：　私は，水，木，金です。
記　者：　はあ，水曜日と木曜日と金曜日ですか。休みが多いんですね。
　　　　　失礼ですが，どんなお仕事ですか。
　　　D：　カメラマンです。
記　者：　なるほど。休みの日は何時ごろ起きるんですか。
　　　D：　そうですね，いつも7時ごろ起きますね。
記　者：　それから何をなさいますか。
　　　D：　まず朝ごはんを作ります。子どもが2人，学校へ行きますから。

記　者：　はあ。
　　D：　そして，そうじをします。ああ，せんたくもします。
記　者：　あの，失礼ですが，奥さまは？
　　D：　はい，妻も仕事がありますから。
記　者：　はあ，どうもありがとうございました。

第5課　モーニングショー ————————————————Morning TV Talk Show

You will hear a morning talk show on TV.

アナウンサー：　おはようございます。今日のモーニングショーのお客さまは，すばらしい方3人で
　　　　　　　　す。コンピューター会社の社長の山田大介さん，ピアニストの中村まゆみさん，ファ
　　　　　　　　ッションモデルのマリアン・グリーンさんです。では，さっそくお話を聞きましょう。

Example
アナウンサー：　山田さん，おはようございます。
　　山　田：　おはようございます。
アナウンサー：　山田さんは，社長さんなんですねえ。とてもお若いですけど，おいくつですか。
　　山　田：　23歳です。
アナウンサー：　23？　そうですか。いつ会社を作ったんですか。
　　山　田：　21の時です。大学生のとき作りました。
アナウンサー：　はあ。子供のころはどんなお子さんでしたか。
　　山　田：　はい，ぼくは毎日コンピューターと遊びました。勉強はあまりしませんでしたよ。
アナウンサー：　そうですか。それで高校生のときですか，ソフトを作りましたねえ。
　　山　田：　はい，ゲームのソフトを2本作りました。それがあたりまして，そのあと会社を作り
　　　　　　　ました。
アナウンサー：　そうですか。それがいまの会社ですね。今日はどうもありがとうございました。

会話1
アナウンサー：　次のお客さまは，ピアニストの中村さんです。おはようございます。おいそがしいと
　　　　　　　ころをどうも。
　　中　村：　いいえ。
アナウンサー：　中村さんは，いつからピアノをはじめたんですか。
　　中　村：　3歳のときからはじめました。毎日毎日練習しました……。
アナウンサー：　はあ。1日にどのくらい練習をしたんでしょうか。
　　中　村：　はい，高校のときからは1日に8時間ひきました。
アナウンサー：　はあ，練習練習の毎日だったんですねえ。ほかに何かなさいますか，スポーツとか。

中　村：　いいえ，わたくし何もしません。手が大事ですから。

アナウンサー：　なるほど。本当におきれいな手ですねえ。今日はどうもありがとうございました。

会話 2

アナウンサー：　最後のお客さまはファッションモデルのマリアンさんです。おはようございます。

マリアン：　おはようございます。

アナウンサー：　マリアンさんは，ハワイ出身ですね。

マリアン：　はい，ハワイから来ました。

アナウンサー：　本当に美しいですね。

マリアン：　どうも。でも，高校のときは太っていました。90キロぐらいありましたから。

アナウンサー：　90キロですか。それで？

マリアン：　くだものもケーキも，あまいものはやめました。

アナウンサー：　はあ。いまはどうですか。

マリアン：　いまも食べません。そしていまも毎日水泳をします。

アナウンサー：　そうですか，モデルのお仕事もたいへんですね。今日はありがとうございました。

第 6 課　どうでしたか ————————————How Was It?

Example

すし屋：　ありがとうございました。どうも。

　　　　　……………………………

A：　ああ，おいしかった。

B：　ほんとにおいしいおすしだったねえ。

A：　うん，やすくておいしかった。

B：　うん，本当にやすいね。また来ようね。

会話 1

A：　リーさん，おひさしぶりです。

リー：　ああ，こんにちは。

A：　大学の勉強はどうですか，おいそがしいですか。

リー：　ええ。でも，きのう歌舞伎を見てきました。

A：　そうですか。で，どうでしたか。

リー：　とてもきれいでした。それにおもしろいですねえ。

A：　そう，じゃあ，よかった。

会話 2

A: 日曜日はどこかへ行きましたか。

B: ええ，東京ドームへ行ってきました。

A: ああ，いいですね。私はまだなんですよ，どうでしたか。

B: 広くて，きれいでしたよ。

A: そうですか。それで何を見に行ったんですか。

B: 野球です。

A: ああ，そうですね。

会話 3

A: あの，きのう見合いをしたんだ。

B: え，お見合い？ どこで？

A: ヒルトンホテルのロビー。

B: どうだった？

A: 広くて立派だったよ。

B: ちがうちがう，その女の人。

A: ああ，女の人……あまりきれいじゃなかったなあ。

B: まあ。

第7課　東京下町ツアー ──────────Downtown Tokyo Group Tour

Tomorrow you will participate in the Downtown Tokyo Group Tour. The tour conductor is explaining the schedule.

　　東京下町ツアーのみなさん，ここです，ここに来てください。え，これがあした2月11日のスケジュールです。よく見てください。朝食は7時半です。いいですか，朝食は7時半です。2階の喫茶店で食べてください。喫茶店はエレベーターの前にありますから。

　　それから午前中，浅草に行きます。ここに，このロビーに，8時半に来てください。バスが9時に出ますので，必ずロビーに8時半に来てください。午前中は，浅草でお寺を見ます。お寺は浅草寺です。浅草寺はひろいですから，ゆっくり見てください。

　　そのあと仲見世に行きます。仲見世です。いろいろな店があります。ゆっくり買い物をしてください。

　　昼食は12時半です。浅草ビューホテルで食べます。いいですか，浅草ビューホテルです。28階のレストランで食べます。しゃぶしゃぶとてんぷら，すきやきがありますから，すきなものを食べてください。

そのあと２時半にホテルに帰ります。２時半からはフリーです。フリータイムですからゆっくりお過ごしください。

　　　はい。では東京下町ツアーのみなさん，あしたまた８時半に，ロビーでお会いしましょう。どうもおつかれさまでした。

第8課　3つの日本語学校　———————Three Japanese Language Schools

You will hear someone asking for information at three Japanese Language schools. He will ask about the schedule, textbook, homework and so on.

Example

　　　A：　すみません，少しお話を聞かせてください。
受　付：　はい，どうぞ，こちらがパンフレットです。
　　　A：　あっ，どうも。
受　付：　授業は朝９時から午後４時までの６時間です。
　　　A：　毎日ですね。
受　付：　はい。毎日６時間のコースです。月曜から金曜まで教えています。
　　　A：　はあ，きびしいですね。
受　付：　ええ，でも学生たちはみんな授業のあとも勉強しています。
　　　A：　４時からですか。
受　付：　そうです。よく勉強していますよ，宿題がたくさんありますから。
　　　A：　ああ，そうですか。どんな宿題が出るんですか。
受　付：　はい。テキストも使いますが，新聞やラジオのニュースも使っていますので，予習が大変なんです。
　　　A：　じゃあ，みなさん上手になりますね。
受　付：　はい。きびしいですので，たいへん上手になります。

会話1

　　　A：　すみません。少しお話をうかがいたいんですが。
受　付：　はい。こちらでは午前のコースと午後のコースと夜のコースを開いています。
　　　A：　そうですか。毎日ですか。
受　付：　いいえ，毎日じゃありません。どのコースも１週間に２回です。
　　　A：　１週間に２回ですか。１回何時間ですか。
受　付：　１回３時間です。１週間に６時間教えています。
　　　A：　ああ，そうですか。どんなテキストを使っているんですか。
受　付：　テキストは『にほんごきいてはなして』を使っていますが，どのコースも１週間のうち１回は，ビデオを使って勉強しています。

A：　ああ，ビデオは楽しいですね。あの，宿題はあるんですか。

受　付：　いいえ，こちらでは出していません。学生の方が，みなさん仕事を持っていますので。

　　A：　いそがしい人が多いんですね，こちらは。

受　付：　ええ，そうです。

会話 2

　　A：　すみません，少し学校のことをうかがいたいんですが。

受　付：　どうぞどうぞ，こちらへおかけください。はい，ええ，これがわが校の日本文化コースのパンフレットです。

　　A：　はあ，日本文化コースですか。

受　付：　はい。

　　A：　生け花クラスと折り紙クラス……。

受　付：　まだまだあります。カラオケクラスもやっていますし，それにおすし教室。

　　A：　あ，あのう，日本語のクラスは？

受　付：　あ，日本語ね。ええ，日本語クラスのパンフレットは……と。ええと，どこへ行ったかな。あっ，失礼しました。こちらです。

　　A：　どんなコースですか。

受　付：　日本語のクラスは週1回1時間のクラスです。

　　A：　週1回，1時間ですか。少ないですね。テキストは何を使っているんですか。

受　付：　テキストは使っていません。会話のクラスですから，会話ですよ。みなさん楽しく話をしていますよ。

　　A：　あ，あ，ああ，そうですか。あの，宿題はありますか。

受　付：　いえいえ，宿題なんかありませんよ。会話ですから。

　　A：　会話ねえ。

受　付：　ええ，みなさん，日本文化コースで勉強していますから，自然に上手になるんですねえ。立派なものです。

第 9 課　会社のパーティーで ——————————————At a Company Party

Example

　　女：　うわあ，盛大なパーティーね。ねえ，あのスピーチしている人だれ？

　　男：　ああ，社長だよ。

　　女：　あの人が社長。

　　男：　知らなかったの？

会話 1

女： あの黒いメガネかけている人，だれかしら。
男： メガネをかけている人？　2人いるけど，どっち？　男の人，女の人？
女： 男の人のほう。
男： ああ，あれは松本じゃないか。
女： ああ，松本さん，わからなかったわ。

会話 2

女： あそこに背が高くて太っている女の人がいるでしょ。
男： え，どこ？
女： ほら，いい着物を着ている人，あの高そうな着物を着ている人。
男： ああ，あの人？　社長の奥さんだよ。
女： ああそう，社長の奥さんねえ，やっぱり……。

会話 3

女： ね～え，あのずっとウイスキーを飲んでいる人だあれ？
男： みんな飲んでいるじゃないか。
女： ほら，窓のそばにいる人。ロングドレスの女の人のとなり。
男： ああ，あれはカメラマンの伊藤君だよ。
女： ずいぶんよっぱってるわよ。
男： いつもああだよ。

会話 4

女： だあれ，あのビデオをとってる人，足が長くてすてきねえ。
男： ビデオをとっている人？　どこだい？
女： あのドアのそばにいる人よ。
男： ああ，あれは社長のむすこだよ。
女： 社長のこども？　似てないわね。

男： あ～あ，うるさいなあ。だれ，だれ，だれって本当にうるさいなあ。
女： ごめんごめん，ああ，のどがかわいた。何かのみましょう。
男： ああ，そうしよう。
女： ねえねえ，あの人だれ？
男： もう知らないよ！

第10課　新婚さんいらっしゃい ————A Popular TV Program "Welcome Newlyweds"

You will hear a popular Japanese TV program in which the audience participates.

1．池田さん御夫妻

アナウンサー：　最初のカップルは，東京の池田さん御夫妻です。こんにちは。

夫：　こんにちは。池田和夫28歳，小学校の教師です。

妻：　妻，じゅん子25歳です。わたしも小学校の教師です。

アナウンサー：　はあ，おふたりとも小学校の先生ですか。かわいい奥さんですねえ。同じ小学校にお
つとめですか。

夫：　いいえ，ちがいます，別べつです。

アナウンサー：　じゃあ，はじめて会ったところはどこですか。

夫：　はい，わたくしが夜，英語の学校で勉強していまして，その同じクラスにじゅん子が
いました。

アナウンサー：　英語学校のクラスメートというわけですねえ。

夫：　はい。ぼくのとった席がじゅん子のとなりでした。

アナウンサー：　御主人はどんな学生でしたか，奥さん。

妻：　はい，とてもよく勉強する人で，最初の日からクラスのリーダーでした。

夫：　いやいや，ぼくははじめて会った日に，もうかわいい人だと思いましたので，がんば
ったんですよ。実は，それでとなりにすわったんです。

アナウンサー：　なるほど。それで最初のデートはいつでしたか。

夫：　はじめて会った日です。クラスのあと，すぐ食事にさそいました。がんばって少しい
いいレストランに。

アナウンサー：　そうですか。奥さん，どんな御主人ですか。

妻：　はい，何でもいっしょうけんめいやる人です。とても幸せです。

アナウンサー：　そうですか。今日はおふたりとも，ありがとうございました。

2．鈴木さん御夫妻

アナウンサー：　次は，大阪の鈴木さん御夫妻です。こんにちは。

夫：　こんにちは，あの大阪から来た鈴木ひろし……。

アナウンサー：　はい？　すいません，もう少し大きな声でおねがいします。

夫：　はい，大阪から来た鈴木ひろし，25歳です。役所につとめています。

妻：　妻，ようこ，29歳です。いまは主婦です。

アナウンサー：　(笑)奥様は元気がいいですね。おふたりが知りあったのはどこですか。

夫：　はい，あの……。

妻：　はい，私も役所につとめていましたので，そこで会いました。

アナウンサー：　はい，おふたりとも，知りあったころ，どう思いましたか，じゃあ，御主人から。

夫：　はい，ようこさんは，ぼくの先輩だったんですが，仕事が早くて…ん……仕事ができ
る頭のいい人だと思いました。それに親切でした。

アナウンサー：　そうですか。奥さんはどう思ったんでしょうか。

妻：　はい，静かな人だと思いました。でも，まじめによく仕事をする人だと思いました。

アナウンサー：　そうですか。それで最初のデートは？

妻：　はい，私がドライブにさそいました。

アナウンサー：　はあ，そうですか。御主人，プロポーズをした日を覚えていますか。

夫：　あの，プロポーズはようこさんが。

妻：　はい，なかなかプロポーズをしてくれませんでしたので，私が「結婚してください」と言ったんです。

アナウンサー：　それで御主人のした返事は？

夫：　はい，とてもうれしかったので，「どうぞよろしく」と言いました。

アナウンサー：　そうですか。おふたりとも，とても楽しいお話をありがとうございました。どうぞいつまでもお幸せに。

第11課　どちらのほうがいいでしょう ——————————Which Is Better?

Example

店　員：　いらっしゃいませ。

客：　すいません，いくつかスカーフを見せてください。

店　員：　はい，お客様がお使いになりますか。

客：　いいえ，プレゼントです。ウールとシルクとどっちのほうがいいでしょうねえ。

店　員：　そうですねえ，シルクのほうが小さくなりますから，べんりかもしれませんねえ。

客：　そうですね。

店　員：　シルクなら一年中できますしね。

客：　ええ，じゃあ，シルクにします。

会話 1

女：　わたしもそろそろワープロを買うわ。

男：　でも，どうして急にワープロがほしいの？

女：　年賀状や手紙，あれ書くのが本当に大変なんだもの。

男：　ああ，でも年賀状や手紙は手で書いたほうがいいよ。ワープロは使わないほうがいいよ，やっぱり心がないよ。

女：　そうかしら。本当はね，私，字がへたでしょ，だから……。

男：　字がへたでも，手紙は手で書いたほうがいいよ。

女：　そう？　じゃ，ワープロ買うのやめるわ。

会話2

男： ねえ，新婚旅行，どうしようか。君はどこがいい？

女： そうねえ，私はどこでもいいわ，あなたといっしょなら。

男： うん，でもぼくは一度だけのことだから，海外のほうがいいと思うんだ。

女： 海外？　海外ってどのへん？

男： うん，オーストラリアかヨーロッパ。少しお金がかかるけど。

女： どのくらいかかるの？

男： 2人で100万円から150万円ぐらいかな。

女： 100万円から150万円？　もったいないわ。それなら日本にしましょう。日本にも静かできれいなところがいろいろあるし，知らないところがたくさんあるもの。

男： うん，でも海外のほうがいい思い出になるよ。

女： でもそんなお金，もっとほかのことに使ったほうがいいわ。

男： ほかのこと？

女： そう。旅行のあとの生活に使ったほうがいいと思うけど。

男： そうか，じゃあ，そうしよう。新婚旅行は日本にしよう。君といっしょなら，いい思い出だね。

第12課　病院で ─────────────At a Japanese Hospital

看護婦： 加藤さ～ん，加藤さ～ん，お入りください。

　　　　　　　　…………………………………………

加　藤： 先生，どうもごぶさたしております。

医　者： ああ，こんにちは。どうぞすわってください。今日はどうしたんですか。

加　藤： 朝からのどがすごく痛いんです。

医　者： じゃ，ちょっと見てみましょう。はい，大きく口をあけて。

加　藤： あ～ん。

医　者： ああ，だいぶのどが赤いですねえ。はい，いいですよ。

加　藤： 実は，ゆうべ雨にぬれちゃって。

医　者： あの大雨にですか。またどうして。

加　藤： 駅にかさを持っていない女の人がいたんですよ。

医　者： その人がきれいな人だったんでしょう。

加　藤： ええ，そうなんです。本当にきれいな人だったんですよ。それで，まあ。

医　者： かさを貸したんですね。

加　藤： ええ。

医　者： かぜをひいてもしかたがありませんね。はい，熱はありますか。

加　藤： けさ38度でした。

医　者： 38度ですか，少しありますね。せきはどうですか。

加　藤：　せきは出ません。

医　者：　せきはなしですね。頭は？

加　藤：　頭が少し痛いんですが。

医　者：　おなかの調子はどうですか。

加　藤：　おなかはだいじょうぶです。

医　者：　はい，じゃあ，たいしたことはありませんね。軽いかぜです。薬を出しますから，飲
　　　　　んでください。

加　藤：　はい，ありがとうございました。

医　者：　お大事に。

加　藤：　あのう先生，すみません。

医　者：　はい，何ですか。

加　藤：　今晩ディスコへ行きたいんですが，どうでしょうか。

医　者：　ディスコ？空気がわるいですから，やめたほうがいいと思いますけど。

加　藤：　はあ，あのう，きのう駅で会った人と行くんですよ。ですから……。

医　者：　う～ん，しかたがないですね。じゃあ，いいでしょう。でもタバコはだめですよ。

加　藤：　はい。ありがとうございました。
　　　　　…………………………………………

薬　局：　加藤さ～ん，お薬です。
　　　　　ええ，白い錠剤は２錠，カプセルは１錠，１日に３回，食事のあとに飲んでください。

加　藤：　錠剤２錠，カプセル１錠，１日３回食事のあとですね。

薬　局：　はい。

加　藤：　どうもありがとうございました。

第1課 (p.6)
ニューヨーク—ごぜん10時，シドニー—ごぜん2時，バンコク—ごご10時

第2課 (p.10)
①カナダ—150円　②インド—100円　③ブラジル—280円

第3課 (p.14)
①一番左(エスカレーターの後ろ)に○　②一番左(エレベーターの前のコンピューター・ルームの中)に○
③まん中(吉田さんの頭の上)に○

第4課 (p.18)
①やすみ—日・月，起床—5:30，テニスをする・ウインドサーフィンをする
②やすみ—日，起床—12:00，ビールを飲む・ビデオを見る
③やすみ—水・木・金，起床—7:00，朝ごはんを作る・そうじをする・せんたくをする

第5課 (p.22)
中村まゆみさん—(左から)　下(ピアノ)，上(8時間)，下(ピアノ)に○
マリアン・グリーンさん—(左から)　上(ハワイ)，下(90kg)，下(食べない)，上(水泳)に○

第6課 (p.26)
会話1—右(歌舞伎)に○，きれい・おもしろい
会話2—右(東京ドーム)に○，ひろい・きれい(ひろくてきれい)
会話3—左(ヒルトン・ホテルのロビー)に○，ひろい・りっぱ(ひろくてりっぱ)

第7課 (p.30)
朝食—2F，集合—8:30，昼食—28F，ホテル—2:30

第8課 (p.34)
①1週間に—2回，1日に—3時間，宿題—ありません，テキスト—つかいます，その他—ビデオを使う
②1週間に—1回，1日に—1時間，宿題—ありません，テキスト—つかいません，その他—日本文化コースがある

第9課 (p.38)
会話1—黒いメガネをかけている男の人(まつもと)
会話2—背が高くて太っている，着物を着ている女の人(社長のおくさん)
会話3—窓のそばでウイスキーを飲んでいる男の人(いとう)
会話4—ドアのそばでビデオをとっている人(社長のむすこ)

第10課 (p.42)
1．池田さん御夫妻—(上から)　左(英語学校)，右(レストラン)，左(いっしょうけんめい)に○
2．鈴木さん御夫妻—(上から)　左(役所)，右(ドライブ)，左(妻がプロポーズ)に○，妻…「結婚してください」夫…「どうぞよろしく」

第11課 (p.46)
①右(買わない)に○　②左(国内旅行)に○

第12課（p.50）
　①熱がある—はい，せきが出る—いいえ，頭が痛い—はい，おなかが痛い—いいえ　②左（かさを貸した）に○　③左（ディスコに行く）に○　④用法—1日3回，食事—後，錠剤—2錠，カプセル—1錠

教科書対照表

本書各課の Key Patterns に示された学習項目が，*An Introduction to Modern Japanese* 以外の教科書の何課に対応しているかをまとめたものです。表中の文は，各教科書からそのままの形で収録してあります。のでは，文末の（　）は引用箇所を示します。

にほんごをはじめて (An Introduction to Modern Japanese)	日本語初歩	にほんごのきそ	Japanese: The Spoken Language
備考 Key Patterns から引用。＊は *An Introduction to Modern Japanese* がどの課で扱っていないことを示す。	**備考** 原則として「タイトル」または「本文」より引用。ない場合は「練習」から収録した。	**備考** 原則として「文型」と，Key Patterns が会話の流れに沿って提示されている場合は「会話」文より引用。以上にない場合は「練習」文から収録した。	**備考** 原則として Core Conversation(CC) より引用。ない場合は Drill(D), Structure Patterns(SP) までを参照し、引用した。ローマ字文を漢字仮名まじり文に書き直してある。
第1課 東京は（いま）何時ですか。 （午前/午後）8時です。	**9課** 今なん時ですか。(本文) 今九時です。(本文)	**第4課** 今何時ですか。(例文) 〔今〕9時5分です。(例文)	**Lesson 8 A** 今何時ですか。 1時5分です。(CC)
第2課 これはなんですか。 このバラはいくらですか。 1,000円です。 これをください。	**2課** これはなんですか。(本文) **6課** ばらの花は一本いくらですか。(本文) 三本で三百円です。(本文) ナイロンのくつしたを二こください。(本文)	**第2課** あれは何ですか。(例文) これはいくらですか。(例文) 〔それは〕2,000円です。(例文) **第11課** 15円の切手を3枚ください。(例文)	**L 2 B** いくらですか。 200円です。(CC) **L 4 A** それは何ですか。 これですか。 それは何ですか。 よろしいですか。 ぶらです。(CC) じゃあこれをください。(CC)
第3課 受付はどこですか。 受付はどこにありますか。 エレベーターのまえです。 エレベーターのまえにあります。 山田さんはどこですか。 エレベーターのまえにいます。	**3課** ここにでんわがあります。(タイトル) れいぞうこはどこにありますか。(本文) れいぞうこはだいどころにあります。(本文) ゆうびんきょくはどこですか。(本文) ゆうびんきょくはえきのそばです。(本文) **4課** あそこに人がいます。(本文)	**第3課** お手洗いはどこですか。(例文) 〔お手洗いは〕そこです。(例文) デパートはどこにありますか。(例文) **第10課** 駅の近くにあります。(例文) 田中さんはどこにいますか。(例文) ロビーにいます。(例文)	**L 6 A** むこうに売店がありますね。 あの売店と出口の間です。 **L 6 B** ここの図書館はどこでしょうか。 あの白い大きい建物のとなりですけど。(CC) **L 9 A** 今日田中さんあそこにいる？(CC)

にほんごきいてはなして (I M J)	日本語初歩	にほんごのきそ	Japanese: The Spoken Language
第4課 なにをしますか。 仕事をしますか。 何時におきますか。	**6課** わたしは本やで本をかいます。（練習） あなたはあしたどこへ行きますか。（本文） **7課** 日よう日になにをしますか。（タイトル） うんどうや散歩をします。（本文） **9課** あなたは毎あさなん時におきますか。（本文）	**第4課** あなたは夜何時に寝ますか。 （昼/夜）11時に寝ます。（例文） あした何をしますか。 京都へ行きます。（例文） **第6課** あなたは何時におきますか。	L 1 A わかりますか。（CC） L 4 A 何しますか。（CC） 　　　テニスしますか。 L 8 B 何時に行きましょう。（SP）
第5課 仕事をしましたか。 何時におきましたか。* どこへおいでになりましたか。 なにをいたしましたか。 だれといらっしゃいましたか。	**第4課** あなたは花やで何をかいましたか。（本文） **7課** わたしは三十一日にぎんこうへ行きました。（本文） なにをしましたか。（練習） **9課** わたしはけさ早くおきました。（本文） **11課** わたしは父といっしょに行きます。（本文）	**第4課** 私はきのう勉強しました。（文型） **第5課** あなたはいつ日本へ来ましたか。（例文） 先月来ました。 リーさんはだれと（一緒に）ここへ来ましたか。 木村さんと（一緒に）来ました。（例文） **第6課** あなたはどこで写真をとりましたか。（練習） きのう何をしましたか。 朝日本語を勉強しました。（会話）	L 1 A きのう作りました。（CC） L 5 B 見ましたか――田中さんの新しい車。（CC） L 7 A 今日はどこで食べましたか。（CC） L 8 B 4時に来ました。（SP） L10B 久保田さんは会議室で先生と話している わよ。（CC）
第6課 あの店はどうでしたか。* やすかったですか。* やすくておいしかったです。* ホテルはどうでしたか。 しずかでしたか。 しずかできれいでした。 あまりやすくありませんでした。* あまりしずかじゃありませんでした。* きれいでしたがたかかったです。	**6課** 【イ形／現・肯】 たかいですね。（本文） ナイロンのくつははやすくてじょうぶです。（本文） **8課** 【イ形／現・否】 いいえ、むずかしくないです。（本文） 日本のきっうはどうですか。（本文） **10課** 【イ形／過去】 きのうはあつかったです。（タイトル） おとといはあつくなかったですか。（本文）	**第8課** 小さいですが、新しいうちです。（会話） **第12課** 旅行は楽しかったですか。 はい、楽しかったです。（本文） 天気はどうでしたか。 あまりよくなかったです。（例文） **第16課** ひまではひまではありませんでし た。（練習） このりんごは大きくて、おいしいです。（文型） あの人はきれいで、頭がいいです。（練習）	L 1 B いいですか。（CC） 　　　いいですよ。 　　　おもしろかったですか。 　　　よくないですねえ。 　　　あまりおもしろくなかったですねえ。 　　　ええ、つまらなかったですねえ。（CC）

	にほんごをはなして（I M J）	日本語初歩	にほんごのきそ	Japanese: The Spoken Language
第7課	てつだいましょうか。 すみません、てつだってください。	9課 てつだってください。（練習） 14課 この本をかしてください。（タイトル） 「いっしょに〜ましょうか」の形 26課 そろそろ帰りましょうか。（本文）	第2課 ちょっと待ってください。（会話） 第9課 では、薬をあげましょうか。 ええ、お願いします。（会話） 第14課 タクシーを呼びましょうか。 はい、呼んでください。	L4A ちょっとすみません。その黒いかさ、見せてください。（CC） 何で行きましょうか。（CC） L7B
第8課	日本語を勉強しています。	16課 雨がふっています。（タイトル）	第14課 リーさんは今タバコを吸っています。（文型）	L10B 木村さん今何している？（CC）
第9課	はやくかえるといっていました。 おそくなるとおもいます。 電話をかけている人 （あそこで）コーヒーをのんでいる人はだれですか。	[動詞/連体形] 10課 あそこにある木はさくらです。（練習） 15課 学生は先生に「先生、おはようございます」と言いました。（本文） 16課 しごとをしている人はだれですか。（本文） 19課 日本へ行こうと思っています。（本文）	第21課 あした日本語の試験があると思います。（文型） ラオさんは「あした試験がある」と言いました。（練習） 第23課 あそこで歌を歌っている人はだれですか。（例文）	L9A [ファミリアスピーチとしての plain form] これわかる？ 本当？ いい？（CC） L11B 8時には帰っていると思いますから。 L18B あとでまた電話をかけるっておっしゃってました。（CC） L19A むこうにひとが大ぜいならんでいるところがあるでしょう。（CC）
第10課	これは京都でかった人形です。 （はじめて）コーヒーをのんだ日本人はだれですか。	[「〜た」の形による連体修飾] 13課 これはきのうかったネクタイです。（練習） きのうここにいた人はだれですか。（練習）	第23課 これは私がとった写真です。（文型） きのう来た人は木村さんの友だちです。（文型）	L9B 木村さんに電話かけた。（CC） L19A 田中さんの持ってきた荷物はこれだけですか。（CC）

にほんごできましてはなして （I M J）	日本語初歩		にほんごのきそ		Japanese: The Spoken Language	
第11課 （地下鉄とバスと）どちらのほうがべんりですか。 地下鉄のほうがべんりです。 日本人観光客は（オーストラリアとヨーロッパと）どちらのほうがおおいですか。* ヨーロッパのほうがおおいです。* （じゃ、）これにします。 地下鉄でいったほうがいいです。 タクシーはつかわないほうがいいです。	**24課**	早くねたほうがいいですよ。　　　　（本文） 日本語と中国語とではどちらがむずかしいですか。　　　　　　　（本文）	**第12課**	英語と日本語と、どちらがむずかしいですか。 英語の方がむずかしいです。　（例文）	L 6 A	どちらのほうが高いですか。　　（D） こちらのほうが高いですね。　（D）
	25課	わたしは日本語のほうが中国語よりむずかしいと思います。　　　（本文） 発音は日本語のほうがやさしいです。　　　　　　　　（タイトル）	**第19課**	バスは遅いですから、電車で行った方がいいです。　　　　　　（文型） あなたは病気ですから、外へ出ない方がいいです。　　　　　　（文型）	L14A L15A	じゃ、Aコースにします。　　　（CC） AコースとBコースとどちらのほうがお（D） いいでしょうか。 Bコースのほうがおいしいと思うんです（CC） けど……
	33課	コーヒーにしましょう。　　　　（本文）	**第21課** **第30課**	しかし、電気製品は私の国よりずっと安いですよ。　　　　　　　（会話） きょうは忙しいですから、あしたにしましょう。	L20A	上野へ出て、電車で行ったほうがいいか（CC） ですよ。
第12課 （いっしょに）日光へいきませんか。* （いっしょに）（お）花見にいきませんか。* 土曜日はどうですか／いかがですか。 すみません、土曜日は仕事があるんです。	**24課**	アリさん、どうかしたのですか。（本文） さっきから歯が痛いのです。　（本文）	**第5課**	では、私と一緒に京都へ行きませんか。（会話） それはいいですね。　　　　　（会話）	L 1 A L 2 A L 8 A	しませんか。　　　　　　　　（CC） どうですか。　　　　　　　　（CC） 今何時ですか。　　　　　　　（CC） 時計がないんです。　　　　　（CC）
	26課	美術館へ絵のてんらん会を見に行きませんか。　　　　　　　　（本文）	**第12課**	私のうちへ来ませんか。　　　（会話） ええ、何時ごろがいいですか。（会話）		
	31課	どうしたんですか。　　　　　（本文） 先生にしかられたんです。　　（本文）	**第34課**	きょうはあまり食べませんね。どうしたんですか。　　　　　　　（例文） おなかが痛いんです。　　　　（例文）		

国際交流基金編『日本語初歩』（凡人社）、（財）海外技術者研修協会編『にほんごのきそ I・II』（スリーエーネットワーク）、E・H・Jorden 著『Japanese : The Spoken Language Part 1・2』（講談社インターナショナル）より引用。

本書にご協力いただいた方々

写真撮影
　早助 康子
　林 正
　八木 実枝子
　㈱キャデック
　井塚 修一

撮影協力 （掲載順）
　四谷郵便局
　ＰＬＯＴ
　ジャナースイミングクラブ
　㈱もとみや

写真提供 （掲載順）
　フランス政府観光局
　米国商務省観光局
　オーストラリア政府観光局
　三洋証券
　品川プリンスホテル　高輪テニスセンター
　共同通信社
　広島県
　ＪＰフォト
　東京ヒルトンインターナショナル
　ＴＢＳテレビ
　日本放送協会
　東急観光
　ボンカラー
　世田谷美術館

翻訳協力
　Janet Ashby
　Joseph R.Phillips

試作テープ録音協力
　藤本 泉

津田日本語教育センター・日本語教員養成講座　実習修了者
　（第１期）　石塚 久与　木下 恭子　小島 菊代　坂部 純三　関根 稔子　須藤 喜代子　田口 江身子
　　　　　　林 久美子　細川 美紀
　（第２期）　石橋 真知子　竹内 陽子　田崎 妙子　谷田 昌夫　坪井 睦子　中西 文　西浜 優子　安田 安子

＊点線で切り取り，一方のタスクページをかくすのに使用してください。
Cut off this page along the dotted line and use it to cover the task page on the other side.